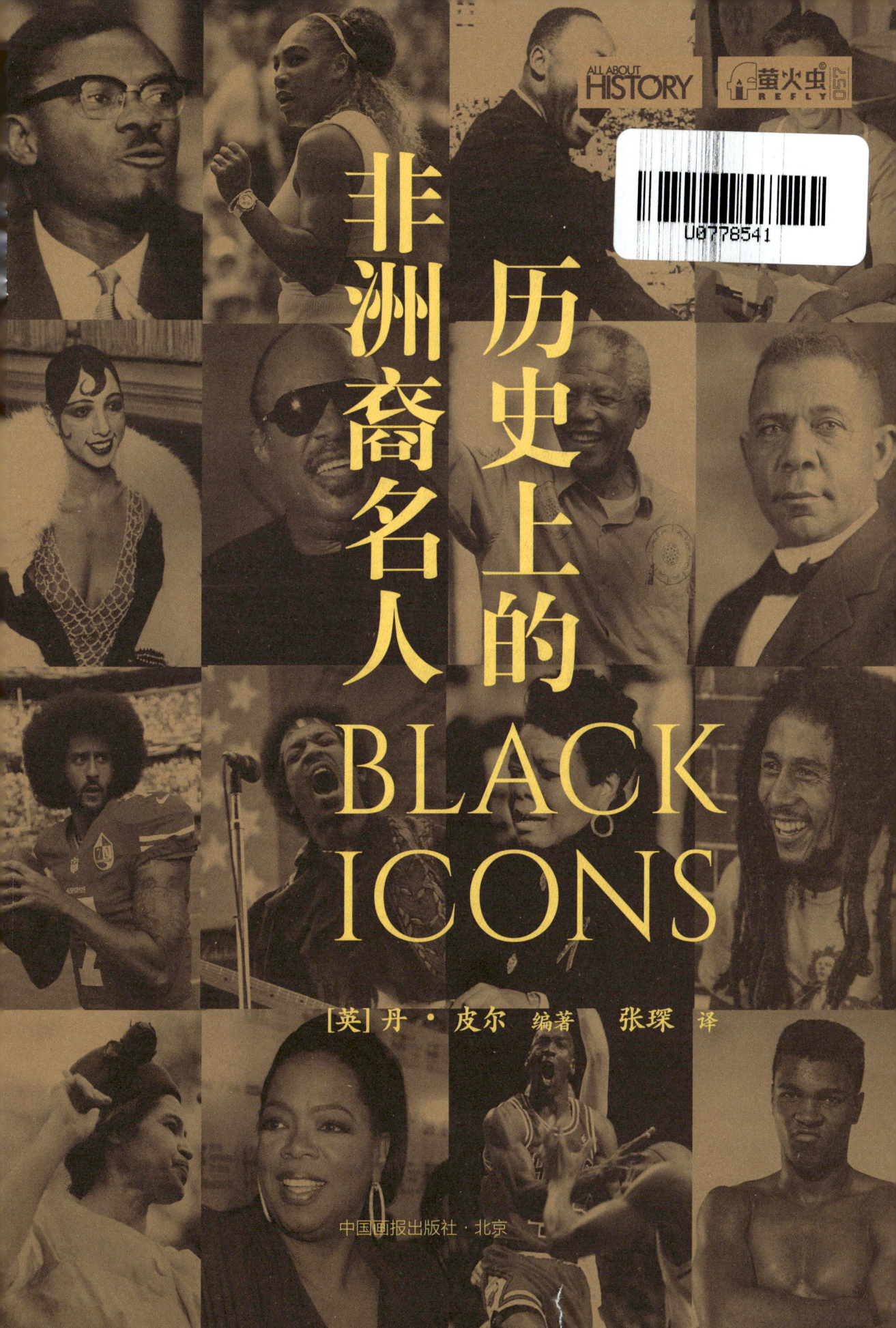

图书在版编目（CIP）数据

历史上的非洲裔名人 /（英）丹·皮尔编著；张琛译. -- 北京：中国画报出版社，2024.3
（萤火虫书系）
书名原文：ALL ABOUT HISTORY:Black Icons
ISBN 978-7-5146-2303-1

Ⅰ.①历… Ⅱ.①丹… ②张… Ⅲ.①名人—生平事迹—世界 Ⅳ.①K811

中国国家版本馆CIP数据核字(2023)第250153号

Articles in this issue are translated or reproduced from Black Icons Second Edition and are the copyright of or licensed to Future Publishing Limited, a Future plc group company, UK 2022.

北京市版权局著作权合同登记号：01-2023-5591

历史上的非洲裔名人

[英]丹·皮尔　编著　张琛　译

出 版 人：方允仲
责任编辑：李　媛
内文排版：赵艳超
责任印制：焦　洋

出版发行：中国画报出版社
地　　址：中国北京市海淀区车公庄西路33号　邮　编：100048
发 行 部：010-88417418　010-68414683（传真）
总编室兼传真：010-88417359　版权部：010-88417359

开　　本：16开（787mm×1092mm）
印　　张：12.75
字　　数：220千字
版　　次：2024年3月第1版　2024年3月第1次印刷
印　　刷：北京汇瑞嘉合文化发展有限公司
书　　号：978-7-5146-2303-1
定　　价：72.00元

欢迎来到非洲裔名人堂

从开创性的先驱和伟大的思想家,到标志性的领袖和永不过时的艺人,让我们一同探索历史上一些最鼓舞人心的非洲裔名人的经历和奋斗史,歌颂他们的成就和贡献。或许你对其中一些人已有所了解,或许有些名字你第一次听见,然而每个人都有着引人入胜的故事,在这个世界留下独特的印记。在本书中,你将遇见40多位具有影响力的艺术家、运动员、科学家和政治家,其中包括马丁·路德·金、鲍勃·马利、凯瑟琳·约翰逊、杰西·欧文斯,等等。希望你喜欢他们的故事。

目录

艺术和娱乐

009 鲍勃·马利

014 马娅·安杰卢

019 路易斯·阿姆斯特朗

023 奥拉达·艾奎亚诺

027 吉米·亨德里克斯

030 依纳爵·桑乔

035 詹姆斯·鲍德温

039 奥普拉·温弗里

043 图派克·夏库尔

049 让-米歇尔·巴斯奎特

053 兰斯顿·休斯

057 约瑟芬·贝克

060 本杰明·泽法尼亚

067 史蒂维·旺德

体育

075 穆罕默德·阿里

081 科林·凯珀尼克

084 杰西·欧文斯

089 迈克尔·乔丹

096 杰基·罗宾逊

100 塞雷娜·威廉姆斯

105 尤塞恩·博尔特

108 泰格·伍兹

113 贝利

科学和教育

119 布克·华盛顿

123 凯瑟琳·约翰逊

127 玛丽·西科尔

133 查尔斯·德鲁

136 乔治·华盛顿·卡弗

141 C.J. 沃克女士

144 刘易斯·拉蒂默

社会和政治

151 马丁·路德·金博士

158 弗雷德里克·道格拉斯

163 罗莎·帕克斯

168 纳尔逊·曼德拉

175 哈丽特·塔布曼

178 温妮·曼德拉

183 杜桑·卢维杜尔

189 帕特里斯·卢蒙巴

193 马库斯·加维和 W.E.B. 杜波依斯

200 索杰纳·特鲁思

艺术和娱乐

009 鲍勃·马利

014 马娅·安杰卢

019 路易斯·阿姆斯特朗

023 奥拉达·艾奎亚诺

027 吉米·亨德里克斯

030 依纳爵·桑乔

035 詹姆斯·鲍德温

039 奥普拉·温弗里

043 图派克·夏库尔

049 让-米歇尔·巴斯奎特

053 兰斯顿·休斯

057 约瑟芬·贝克

060 本杰明·泽法尼亚

067 史蒂维·旺德

鲍勃·马利是流行音乐先驱之一

鲍勃·马利

作为第三世界的第一位国际巨星,他将自己的拉斯特法里人道主义哲学带到了全球舞台上

作者:哈雷斯·阿尔·布斯塔尼

罗伯特·内斯塔·马利(Robert Nesta Marley)于1945年2月6日出生在牙买加偏远的乡村九英里(Nine Miles)。他的母亲塞德拉·马尔科姆(Cedella Malcolm)是一位牙买加黑人,曾与一位年长的英国白人种植园监工诺瓦尔·马利(Norval Marley)上尉结婚,但在怀孕后被遗弃。

鲍勃只有10岁的时候,未和他们生活在一起的父亲因心脏病去世了,他和母亲很快移居首都金斯敦。和其他来自农村的移民一样,单身母亲塞德拉只能负担得起在特伦奇镇的生活。

在特伦奇镇的街头,鲍勃迅速长大,成为一个以"粗鲁男孩"为名的人物,他的格斗技巧赢得了"凝灰岩铜锣"的绰号。鲍勃在母亲的鼓励下学习焊接,以摆脱贫困,但在工作中受伤,伤及眼睛之后,他将注意力转向了音乐。

鲍勃的青少年时期充满了斯卡音乐,这是一种全新的牙买加音乐,以其令人兴奋、不落俗套

的节奏和行走贝斯线为特色，将美国爵士乐、节奏蓝调与加勒比海地区的曼图音乐、卡利普索民歌相融合。鲍勃第一次录制的是一首名为《不要评判》(Judge Not)的歌曲，这是他17岁时为当地制作人莱斯利·孔(Leslie Kong)创作和演唱的四首歌曲之一。鲍勃唱道："我知道我并不完美，我也不自诩完美，所以在你指指点点之前，请确保你的双手是干净的。"歌词似乎借鉴了他在特伦奇镇艰辛的成长经历。

《不要评判》只给鲍勃带来了20英镑的收入，但这只是一个开始。不久后，他与童年好友内维尔·"兔子"·利文斯顿(Neville 'Bunny' Livingston)和自学成才的多乐器演奏家彼得·托什(Peter Tosh)组成了一个歌唱组合。他们自称为"哭泣着的哭泣者"，这反映了牙买加贫困人民的苦难。1964年，在金斯敦犯罪率飙升的背景下，乐队发行了《冷静下来》(Simmer Down)，鼓励粗鲁的男孩们冷静下来。在三位伴唱歌手的支持下，这首歌一举登上牙买加音乐排行榜榜首，销量达到7万张。

虽然在接下来的一年里发行了一张成功的录音室合辑，但是乐队在经济上仍然面临着困难。1966年，鲍勃与单身母亲丽塔·安德森(Rita Anderson)结婚，然后前往美国探望自己的母亲。在那里，他打零工筹集了700美元，用于帮助在牙买加创办一家命运多舛的唱片公司"哭泣与灵魂的音乐"。

由于对之前的制作人不满意，乐队与莱斯利·孔(Leslie Kong)短暂合作后又与富有创新精神的李·"斯克拉奇"·佩里(Lee 'Scratch' Perry)建立了合作关系。他们的音乐开始反映出从斯卡乐向慢拍摇滚乐的过渡，歌曲节奏放缓，铜管乐部分被吉他独奏所取代。《灵魂俘虏》(Soul Captives)等歌曲越来越多地反映出鲍勃对灵性和解放的兴趣，歌词中写道："当你清晨醒来，像魔鬼一样在阳光下辛勤劳作，时间不知不觉溜走，但自由的日子终将到来。"

作为这一新音乐方向的典范，乐队于1970年发行的专辑《灵魂叛逆者》(Soul Rebels)以精简的编排为特色，成为新兴雷鬼音乐的先驱之作。一年后，他们发行的另一张专辑《灵魂革命》(Soul Revolution)取得了巨大成功，乐队随后受邀到英国巡演，并与小岛唱片公司签下了合约。

乐队之后发行的专辑《引火烧身》(Catch a Fire)充满了激进主义。在《奴隶主》(Slave Driver)这首曲子中，鲍勃谴责道："今天他们说我们是自由的，结果却被贫穷所束缚。天哪，我认为这是文盲，只是一台赚钱的机器。"这张专辑在商业上取得的成功不大，却在音乐评论家中引起了强烈的共鸣，其中一人评论说，这些歌曲中有一半配得上圣约翰大教堂。后续专辑《燃烧》(Burnin')将乐队推上了英国的舞台，而1974年的《整洁恐惧》(Natty Dread)则将他们推向了世界舞台。

1976年，特伦奇镇因政治暴力而四分五裂，鲍勃同意在政府组织的一场名为"微笑牙买加"的音乐会上演出，旨在缓和政治紧张局势。音乐会前一晚，武装分子闯入了他的家并向鲍勃和他的妻子开火。鲍勃的手臂中弹，丽塔的头部被擦伤，鲍勃的助手唐·泰勒(Don Taylor)挺身而出，挡住了大部分原本要射向鲍勃的子弹，救了他一命。

尽管面临风险，鲍勃仍拒绝退缩，为8万观众在音乐会上演出，并说道："那些试图让这个世界变得更糟的人都没有休息一天。我怎么能休

▲ 鲍勃与妻子兼伴唱丽塔

▲ "哭泣着的哭泣者"乐队在斯卡乐向慢拍摇滚乐的过渡期间是一股开创性的力量,创造了自己独特的雷鬼音乐风格

息呢?"音乐会的亮点之一是鲍勃激情四溢地演唱《战争》,这首歌几乎完全采用了海尔·塞拉西1963年在联合国演讲中的讲话:"直到认为一种种族优越于另一种种族的哲学最终被彻底否定和摒弃,战争将无处不在。"

鲍勃·马利和乐队的下一张专辑《出埃及记》(Exodus)在抒情和音乐方面都堪称杰作,探讨了宗教、性和人类的处境。该专辑的B面全部是热门歌曲,包括《即兴乐》(Jamming)、《徒劳等待》(Waiting in Vain)、《把你的灯光调暗》(Turn Your Lights Down Low)《三只小鸟》(Three Little Birds)和《唯一的爱/人们准备好了》(One Love/People Get Ready)。

专辑发行后不久,鲍勃被诊断出患有一种恶性黑色素瘤,就在他的脚趾甲下。尽管医生建议他截掉脚趾,但鲍勃出于宗教原因拒绝了,他说:"拉斯塔法里教徒不能接受截肢。"于是选择了植皮手术,手术成功了。

神秘人，彼得·托什（Peter Tosh）

温斯顿·休伯特·麦金托什（Winston Hubert McIntosh）于1944年出生在牙买加威斯特摩兰区的农村教区。他的父母抛弃了他，而在他成长的过程中，不变的只有他对音乐和教堂的痴迷，在教堂他学会了弹奏风琴。作为一个充满创新精神的孩子，他用沙丁鱼罐头制作了自己的第一把吉他，并自学了吉他和打击乐。

十几岁的时候，温斯顿搬到了特伦奇镇，在那里他与鲍勃·马利和邦尼·维勒（Bunny Wailer）共同创立了"哭泣者乐队"，并改名为彼得·托什。彼得教导其他两人如何和声，并亲自教鲍勃弹吉他。

1973年，当哭泣者乐队迅速朝着国际超级巨星的方向迈进时，彼得在一场车祸中头骨骨折，他的女友不幸丧生，随后他在第二年离开了乐队。他继续享受个人事业的成功，发行了《合法化》（Legalize It）和《非洲妈妈》（Mama Africa）等唱片，这些作品都聚焦于泛非主义、反殖民主义和种族平等。然而，1987年，他在一起拙劣的抢劫中遭到谋杀，凶手竟是他曾经帮助从监狱重新融入社会的人。几个月后，他的最后一张专辑《没有核战争》（No Nuclear War）赢得了格莱美奖。

1980年，鲍勃在纽约巡回演出期间慢跑时突然晕倒。不久后，他发现自己晕倒是因为脑瘤。年仅35岁的歌手被告知全身都被无法治疗的癌症侵袭，只剩下十周的生命。鲍勃尽力延续巡演，直到在匹兹堡结束。八个月后，他去世了，对儿子齐吉说："金钱买不到生命。"鲍勃的遗体被运回牙买加，他被授予功绩勋章，并举行了国葬。

自英年早逝以来，鲍勃一直是有史以来最畅销的音乐人之一。他在1984年发行的最佳专辑《传奇》（Legend）就卖出了上千万张，成为公告牌二百强专辑榜和英国专辑排行榜上持续停留时间最长的专辑之一，至今仍然如此。除了是流行音乐最伟大的先驱之一，他还利用自己的平台将种族、殖民主义和不公正问题推向全球意识的前沿，成为这场斗争的先锋。

马娅·安杰卢

安杰卢是一位多产而又充满感情的活动家,她的著作已成为美国文化的支柱

作者:凯瑟琳·寇松

马娅·安杰卢(Maya Angelou)是演员、舞蹈家、记者等,如今被尊崇为传奇人物,她的作品被公认为现代文学中最重要的作品之一。

安杰卢经历了残酷而不安的童年。她遭受了母亲伴侣可怕的性虐待,在向她的兄弟倾诉后,这名虐待者被定罪,但只被判了一天的监禁。后来,这名虐待者被谋杀,年幼的安杰卢相信是她对虐待行为的坦白导致了他的死亡,因此选择了缄默。

五年来,马娅·安杰卢一直保持沉默。直到一位名叫贝莎·弗劳尔斯(Bertha Flowers)的老师帮助她重新找回了自己的声音,并向她介绍了文学的奇妙之处,与这位年轻的学生分享了狄更斯、莎士比亚等作家的作品。安杰卢永远不会忘记在贝莎·弗劳尔斯这里学到的东西,当她离开家时,她对文学的热爱已深深扎根在心中。

马娅·安杰卢在17岁时成了一位母亲,23岁时成为一位妻子。最初,她以歌手、舞者和演

▲ 在1993年克林顿总统的就职典礼上，安杰卢朗诵了她的诗作《清晨的脉搏》（On the Pulse of the Morning）

员的身份进入演艺界，但在20世纪60年代初，她遇到了马尔科姆·X，并同意与他一起为非洲裔美国人团结组织工作。然而，马尔科姆·X的遇刺事件让她心灵受到了巨大的打击。随后，她与马丁·路德·金迅速发展的友谊也因为马丁·路德·金被暗杀而宣告终结，这使她陷入了越来越深的痛苦之中。

1969年，安杰卢创作了她最著名的作品《我知道笼中鸟为何歌唱》(I Know Why the Caged Bird Sings)。这是她七本自传中的第一本，被誉为具有开创性意义的作品。该书被宣传为自传体小说，讲述了安杰卢从婴儿时期到17

岁的生活，重点关注她作为一名年轻的黑人女性在美国成长的经历。她毫不畏惧地探讨了身份和种族问题，以及她在年轻时经历的创伤性虐待。

该书一经出版立即被誉为自传领域的革命性尝试。安杰卢有意远离传统自传的陈规俗套，不仅真实地记录了自己作为一名年轻的黑人女性在一个常常充满种族主义的社会中的经历，还捕捉到了压迫感和绝望感的蔓延，让世界各地的读者产生了共鸣。

安杰卢随后继续出版了六本畅销自传，讲述了她的余下故事。系列中的最后一本书《妈妈与我和妈妈》（Mom & Me & Mom）于2013年出版。此外，她还创作了诗歌、散文和其他作品。她担任教育工作者，并成为妇女和黑人的杰出代言人，同时也是美国文化界的开创性人物。

当安杰卢在比尔·克林顿（Bill Clinton）总统的就职典礼上朗诵自己的诗歌时，她成为历史上仅有的第二位获此殊荣的诗人。她得到了丰厚的奖励，包括2011年由贝拉克·奥巴马（Barack Obama）总统颁发的总统自由勋章。

2014年，马娅·安杰卢去世。消息传出后引发了全球范围内的悲痛，悼念纷纷而至。如今，她的作品仍然广受欢迎，她卓越的作品改变了美国文学的面貌。

笼中鸟

尽管马娅·安杰卢曾是一位民权活动家、艺人、电影制片人和教育家，但那七本自传最使她闻名于世。毫无疑问，其中的第一本《我知道笼中鸟为何歌唱》是她的杰作。

该书对种族和性别问题的探讨震撼人心，毫不留情地描绘了安杰卢童年的苦难和她在世界上寻找出路的奋斗历程。时至今日，该书仍备受争议，是美国高中最常被禁的十本书之一。

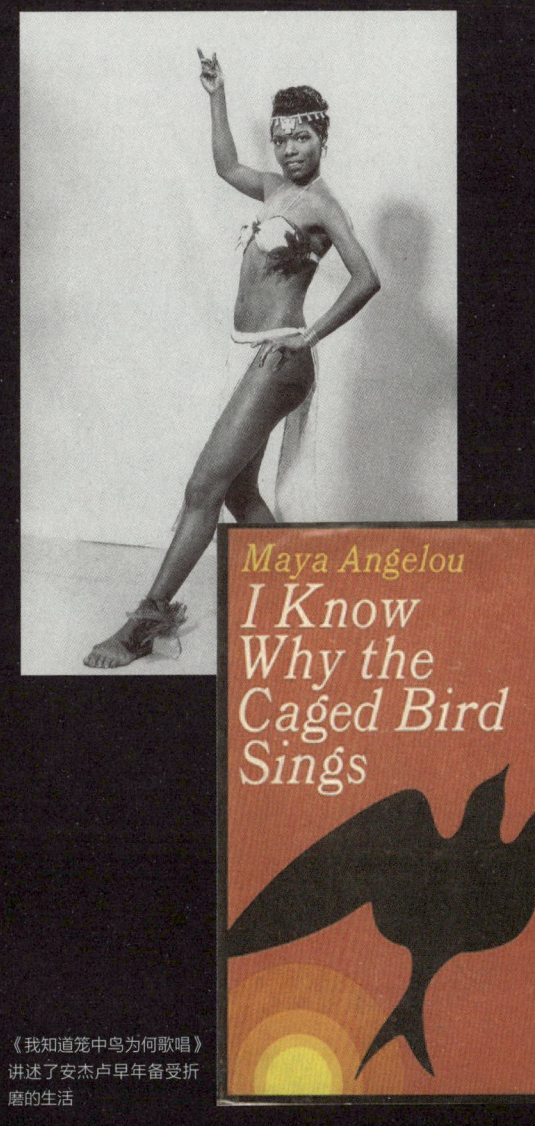

《我知道笼中鸟为何歌唱》讲述了安杰卢早年备受折磨的生活

路易斯·阿姆斯特朗

著名小号手路易斯·阿姆斯特朗在他长达五十年的职业生涯中，彻底改变了爵士乐，并对音乐演奏方式产生了深远的影响

作者：迈克尔·哈斯克

"嗨，多莉！这是路易斯，多莉！"这段用低沉沙哑的嗓音演唱的歌词，为路易斯·阿姆斯特朗带来了新的声誉。他是一位爵士乐巨匠，将爵士乐从合奏形式转变为展示个人音乐天赋的工具。

这首单曲于1964年录制，与百老汇音乐剧《你好，多莉！》（Hello, Dolly!）一同发行，迅速登上流行榜的榜首，取代了披头士乐队单曲的位置。阿姆斯特朗的卓越才华得到了整整一代年轻听众的认可，同时他是世界上最受欢迎的现场表演者之一。随后，他于1967年发行了《世界真奇妙》（What a Wonderful World），该曲在英国排行榜上名列榜首，向更多观众介绍了深受喜爱的阿姆斯特朗。

路易斯·阿姆斯特朗的音乐生涯超越了时间和世代的限制。他是一位短号和小号大师，随后又成为作曲家、歌手和演员，他以摇摆的节奏、充满活力的舞台表现、富有表情的声乐诠释、创新的独奏演奏和标志性的灿烂笑容影响了整个爵士乐流派。

阿姆斯特朗在他的故乡新奥尔良开始了辉煌的音乐生涯，而他无与伦比的才华在爵士乐时代达到了巅峰。他于1901年8月4日出生，父亲是一名工人，在阿姆斯特朗还是婴儿时就离开了家庭，母亲为了生存有时会卖淫。这位未来的超级明星在一个被称为"战场"的社区长大。他经常惹上麻烦，最终被送到了有色人种男童之家。在那里，他接触到了短号，发现自己喜爱音乐。

在新奥尔良最著名的短号演奏家乔·"国王"·奥利弗（Joe 'King' Oliver）的指导下，路易斯很快就开始在当地的夜总会演出。18岁时，他与黛西·帕克（Daisy Parker）结婚。然而，他们之间充满暴力的关系很快就以离婚告终，但是他的音乐事业继续蓬勃发展。奥利弗前

萨奇莫与民权

有些评论家曾声称,路易斯·阿姆斯特朗对美国民权运动的推动几乎没有任何贡献,他亲切的风格令人想起美国文化中稍早、某种程度上种族屈从的时代。尽管他很少对种族关系或实现种族平等的努力发表评论,但在1957年,当阿肯色州州长奥瓦尔·福伯斯(Orval Faubus)宣称要阻止九名黑人学生入读小石城中央高中并上课时,他发表了有力的言论。

福伯斯派出阿肯色州国民警卫队阻止他们入学,而阿姆斯特朗则严厉批评了德怀特·艾森豪威尔(Dwight Eisenhower)总统的领导力不足。在阿姆斯特朗看来,艾森豪威尔是在允许福伯斯引导国家的观点和意愿来实施种族隔离。他在危机期间称总统为"两面派"和"胆小鬼",并取消了由美国国务院安排的作为友好表示的苏联之行。

他宣称,"他们这样对待南方的人民,政府可以去地狱了!"这位一向言辞温和的艺人以对艾森豪威尔政府和国家种族关系状况的强烈批评,激起了公众的共鸣。回顾起来,他选择避免对民权运动发表评论,可能更凸显了他在小石城危机中的言论的力量和影响。尽管他对当时局势的批评在媒体上很少被报道,但美国联邦调查局(FBI)仍保留了一份关于阿姆斯特朗的档案,以记录他的政治活动。

往芝加哥之后,阿姆斯特朗加入了基德·奥里(Kid Ory)乐队。他最终与费特·马伯尔(Fate Marable)乐队一起在内河船上演出。

1922年,奥利弗给阿姆斯特朗打来电话,邀请他来芝加哥,在著名的克里奥尔爵士乐队中担任二号短号手。1923年4月5日,他录制了第一张个人专辑《排钟蓝调》(Chimes Blues)。阿姆斯特朗还与克里奥尔爵士乐队的钢琴演奏家莉莲·哈丁(Lillian Hardin)结婚。这段婚姻持续了14年,莉莲鼓励路易斯前往纽约,并最终与弗莱彻·亨德森(Fletcher Henderson)的乐队合作。

1925年回到芝加哥后,阿姆斯特朗在莉莲的乐队中演奏,并随后组建了自己的乐团"火热五人组",后来改为"火热七人组"。他为蓝调女王贝西·史密斯(Bessie Smith)等流行歌手伴奏,并于1926年转向吹小号。阿姆斯特朗与钢琴家厄尔·海恩斯(Earl Hines)一起,在20世纪20年代末录制了爵士乐史上最伟大的音乐之一,包括《西区蓝调》(West End Blues)和《天气鸟》(Weather Bird)。在百老汇音乐剧《康妮的热巧克力》(Connie's Hot Chocolates)中,阿姆斯特朗对"胖子华勒"的曲子《不是恶作剧》(Ain't Misbehavin')的演绎赢得了广泛赞誉。在20世纪30年代,他前往欧洲进行巡演,并涉足流行音乐领域,录制了当时一些最著名作曲家创作的歌曲。

1935年,阿姆斯特朗聘请了经纪人乔·格拉瑟(Joe Glaser)。格拉瑟将阿姆斯特朗的摇摆风格小号带到了广播电台,对后来的每一位爵士音乐家都产生了影响。阿姆斯特朗与阿尔法·史密斯(Alpha Smith)的婚姻于1942年

▲ 爵士乐史上一些最著名的歌曲均出自阿姆斯特朗之手

结束,但在同一年,他与纽约棉花俱乐部[1]的舞者露西尔·威尔逊(Lucille Wilson)结婚,余生都与她在一起。他还与迪克·鲍威尔(Dick Powell)和梅·韦斯特(Mae West)等明星一起拍摄了电影。随着20世纪40年代末和50年代初摇摆时代的衰落,他带领着一个小型组合,并录制了一些他最受欢迎的歌曲,包括《幸运的老太阳》(That Lucky Old Sun)和《玫瑰人生》(La Vie En Rose)。

阿姆斯特朗的广泛吸引力使他在种族分裂的美国获得了声望和社会认可。他的成功用独到的方式为其他黑人表演者打开了机会之门。他的风格、机智和始终如一的善良本性令人喜爱,他的音乐才华也是永恒的。

在晚年,阿姆斯特朗保持着紧凑的日程安排,有时一年有300天在路上。他曾多次心脏病发作,并于1971年7月6日在睡梦中去世,享年69岁。在他的葬礼上,荣誉抬棺者包括弗兰克·辛纳特拉(Frank Sinatra)、宾·克罗斯比(Bing Crosby)、约翰尼·卡森(Johnny Carson)、埃拉·菲茨杰拉德(Ella Fitzgerald)、珍珠·贝利(Pearl Bailey)和贝西伯爵。

---
1 Cotton Club,20世纪二三十年代,美国哈莱姆区夜生活主要在是棉花俱乐部。这家娱乐场所和地下酒吧拥有那个时代最有才华的表演者,即使在今天,它仍然是纽约市的标志。

2008年，由埃德蒙·沃勒学校的学生制作的一座纪念奥拉达·艾奎亚诺（Olaudah Equiano）的雕像在伦敦的电报山下公园竖立起来。

奥拉达·艾奎亚诺

被绑架并卖作奴隶的奥拉达·艾奎亚诺为自己争取到了自由,并成为英国最重要的废奴主义者之一

作者:瑟恩·马蒂卢科

当人们第一次听说奥拉达·艾奎亚诺时,会问的一个问题是,一个被卖为奴隶的男孩是如何成长为英国18世纪最重要的黑人人权倡导者之一的?

奥拉达·艾奎亚诺的出生地存在争议,一些历史学家声称他出生在美国南卡罗来纳州,但根据他本人的说法,他很可能于1745年出生在贝宁王国的埃萨卡,一个伊格博后裔的家庭。贝宁王国是西非最古老的文明之一,其巨大的城墙是世界上最大的人造结构之一。如今,贝宁王国已成为尼日利亚的一部分,而伊格博则是尼日利亚最大的民族之一。

奥拉达·艾奎亚诺在贝宁王国长大,有六个兄弟姐妹。然而,当他大约11岁时,他和其中一个姐妹被绑架,很快发现自己被带上了一艘横渡大西洋的船,成为奴隶被运往巴巴多斯。随后,他被迅速送往美国的弗吉尼亚州,并被卖给英国皇家海军的帕斯卡船长。帕斯卡船长决

定将奥拉达·艾奎亚诺改名为古斯塔夫·瓦萨（Gustavus Vassa），以纪念16世纪的瑞典国王。在余生中，他在大多数官方文件中以古斯塔夫斯·瓦萨这个名字出现。

1763年，他被卖给詹姆斯·多兰（James Doran）船长，被带到加勒比海的蒙特塞拉特岛，随后又被转卖给贵格会船主罗伯特·金（Robert King）。艾奎亚诺一直为金工作，直到1766年，他赚到足够的钱赎回自由并返回英国。

在英国，他的生活非常充实。他在自传中写道，他"喜爱"英国的"社交和礼仪"。他与科学家查尔斯·欧文（Charles Irving）建立了友谊，并在1775年至1776年与他一起工作，甚至负责监督和购买欧文在中美洲种植园的非洲奴隶，他在自传中称这些奴隶都是他自己的同胞。考虑到他自己曾经被奴役，他同意这么做真是令人惊讶，但在1777年返回英国后，他成为一个坚定的废奴主义者，坚信跨大西洋奴隶贸易是令人憎恶的，必须终止。

他成为"非洲之子"（Sons of Africa）的创始成员，这是一个由伦敦的黑人废奴主义者主导的组织，致力于终结奴隶制度。1786年，他被政府任命为军需官，协助将伦敦贫困的黑人群体"黑人穷人"送往西非新建立的塞拉利昂殖民地。根据历史学家哈基姆·阿迪（Hakim Adi）和玛丽卡·舍伍德（Marika Sherwood）的观点，这使他成为第一位获得政府任命的非洲人。然而，政府的计划存在许多问题，包括许多"黑人穷人"不愿意被送到塞拉利昂。因此，奥拉达·艾奎亚诺对该项目提出了批评，并最终被撤职。

种族平等与废奴

与普遍观念相反，18世纪的许多英国废奴主义者并不相信种族平等。尽管许多废奴主义者为所有人的尊严而战斗，但在当时，普遍流行的观点是存在一种全球性的种族等级制度，将白人置于顶层，黑人置于底层。英国的科学家和医生，如查尔斯·怀特（Charles White）和大卫·休谟（David Hume），帮助推广了这些观点。

即使是著名的废奴主义者格兰维尔·夏普（Granville Sharp）也相信种族等级的概念，他在萨默塞特诉斯图尔特案中为奴隶而战，该案呈现了英格兰和威尔士的奴隶制是什么样子。他主张英格兰的黑人存在应该被限制在最低程度，并且在废除奴隶制后不应出现"黑人臣民的不自然增加"。

另一位著名的废奴主义者威廉·威尔伯福斯（William Wilberforce）认为，一旦获得自由，西印度群岛的黑人可以追求"充分享受自由、道德、勤劳和幸福的农民生活"。相比之下，对于奥拉达·艾奎亚诺来说，废奴主义根植于对种族平等的信念，因为正如他在自传中所言，"理解并不仅限于外貌或肤色"。

被解雇后,奥拉达·艾奎亚诺开始着手撰写《奥拉达·艾奎亚诺生平趣谈》(The Interesting Narrative of the Life of Olaudah Equiano),这本自传成为我们了解他生平的主要信息来源。这本书是最早的奴隶叙事之一,成为畅销书,用英语、荷兰语和德语出版。在自传出版后不久,他开始在英伦三岛巡回演讲,讲述自己被奴役的经历,并敦促听众支持废奴运动。

1792年,奥拉达·艾奎亚诺与一位英国女士结为连理,后来他们育有两个孩子,其中一个名叫乔安娜·瓦萨(Joanna Vassa)。1797年奥拉达·艾奎亚诺去世后,乔安娜继承了他遗产中的900英镑,相当于如今约10万英镑。他的遗产金额之所以如此巨大,很可能是因为他的书籍销售利润丰厚。

英国最终于1807年废除了奴隶贸易,并在1833年废除了其在英国殖民地的奴隶制度。然而,由于在1833年之后的很长一段时间里,英国仍然在加勒比海、亚洲和非洲从事各种形式的强迫劳动,英国最终是否真正废除奴隶制一直存在争议。

但是,艾奎亚诺在正式废除奴隶制和奴隶贸易方面发挥了重要的作用。正因如此,21世纪的今天,在威斯敏斯特竖立了一块纪念他的匾牌,人们继续购买他的自传并从中学习。

▲ 奥拉达·艾奎亚诺还有一个名字古斯塔夫·瓦萨,这是他的一个主人给他起的

亨德里克斯是一位罕见的天才,他的音乐至今鼓舞了无数人学习吉他

吉米·亨德里克斯

他能够让吉他发出爱之初吻的声音。在短短四年的时间里,吉米·亨德里克斯彻底改变了音乐的声音

作者:爱德华多·阿尔伯特

对一些人来说,音乐是生活的避难所,对另一些人来说,音乐是成功的通行证,或是通往无法用语言表达的地方的门户。对约翰·艾伦·亨德里克斯(John Allen Hendrix)来说,这些都是。约翰于1942年11月27日出生于西雅图。他的家庭成分复杂,而且多灾多难。他的父亲阿尔·亨德里克斯(Al Hendrix)和母亲露西尔既有切罗基印第安人的血统,也有非洲裔美国人的血统,因此他们的儿子具有一种异国情调的独特气质,并将这种气质运用到他的舞台形象中。

阿尔·亨德里克斯与露西尔结婚后不久就被征入美国军队,在儿子出生后的头三年很少见到他。1946年,阿尔为了纪念他已故的兄弟,将约翰的名字改为詹姆斯·马歇尔·亨德里克斯(James Marshall Hendrix)。阿尔和露西尔共育有五个孩子,其中三个天生残疾,被送去收养。这对夫妇经常吵架,露西尔还酗酒。他们于1951年离婚,阿尔获得了詹姆斯和弟弟莱昂的监护权。

詹姆斯在拥有自己的吉他之前就对吉他着迷,用扫帚练习弹奏技巧。1958年2月2日,詹姆斯的母亲因肝硬化导致脾脏破裂而去世。几个月后,詹姆斯得到了他的第一把原声吉他,并很快组建了自己的第一支乐队。但是其他乐器的伴奏声会盖过原声吉他的声音,于是詹姆斯的父亲为他买了第一把电吉他,一把苏普罗·奥扎克电吉他(Supro Ozark)。

在惹上警察的麻烦后,亨德里克斯面临着入

▲ 吉米·亨德里克斯体验乐队。从左到右：鼓手米奇·米切尔（Mitch Mitchell）、吉他手吉米·亨德里克斯、贝斯手诺埃尔·雷丁（Noel Redding）

伍或入狱的选择，他选择了入伍，并于1961年5月31日加入了军队，接受美国陆军第101空降师的伞兵训练。亨德里克斯完成了训练，这对于像美国陆军第101空降师这样的精英部队而言并不容易。尽管如此，他的中士很快意识到这位新兵的兴趣在别处，于是建议他退伍，这个请求于1962年6月29日获得批准。

退伍后，亨德里克斯开始从事音乐工作，先后在小理查德、B.B.金（B.B. King）和威尔逊·皮克特（Wilson Pickett）的乐队中演出，然后于1964年搬到纽约市。尽管才华无可置疑，但亨德里克斯并没有真正适应那里的生活，他的混血种族和音乐品味使他无法融入纽约音乐圈。然而，一次会面改变了他的人生。查斯·钱德勒（Chas Chandler）曾是"动物乐队"的贝斯手，但他对巡演收入微薄感到厌倦，想转行去做经纪人。凯斯·理查兹（Keith Richards）当时的女友琳达·凯斯（Linda Keith）看过亨德里克斯的表演，说服钱德勒去格林尼治村的"咖啡屋？"（Cafe Wha?）看他的演出。当亨德里克斯用牙齿弹奏和将吉他放在脑后弹奏时，钱德勒被深深吸引。1966年9月24日，亨德里克斯乘坐头等舱飞往英国伦敦，这是他第一次乘坐头等舱。

在英国，钱德勒为亨德里克斯找到了贝斯手和鼓手，说服詹姆斯改名为吉米，并监督组建了"吉米·亨德里克斯体验乐队"。他安排了乐队在法国的首场演出，并出资在10月23日录制了首支单曲《嘿，乔》（Hey Joe）。一场旋风拉开序幕。

很快，镇上出现了一位非凡天才的消息不胫而走。他们都来看亨德里克斯的演出：约翰·列侬（John Lennon）、保罗·麦卡特尼（Paul McCartney）、埃里克·克莱普顿（Eric Clapton）、皮特·汤申德（Pete Townshend）和米克·贾格尔（Mick Jagger）。随着《嘿，乔》《紫色迷雾》（Purple Haze）和《风哭唤着玛丽》（The Wind Cries Mary）在英国排行榜上节节攀升，亨德里克斯逐渐成为一种现象。对亨德里克斯来说，他将伦敦音乐场景中的迷幻艺术和时尚元素融入他独特的表演中，同时还加入了燃烧吉他的元素。这也是钱德勒的另一个想法。

吉米·亨德里克斯体验乐队的第一张专辑《见识过吗?》(Are You Experienced?)被披头士乐队的《佩珀军士》(Sgt Pepper's)挤下了冠军宝座。亨德里克斯在英国已是明星,但在美国仍默默无闻。正是保罗·麦卡特尼坚持要求蒙特雷流行音乐节的组织者将亨德里克斯列入节目单;他在那里的表演,以在舞台上用火烧掉自己的吉他而达到高潮,使他在美国一举成为明星。

旋风般的巡演和录制又持续了两年:1967年12月1日,《轴:大胆如爱》(Axis: Bold as Love)发行,1968年10月16日,《电子女儿国》(Electric Ladyland)发行,1969年8月18日伍德斯托克音乐节和1970年8月31日怀特岛音乐节上,亨德里克斯演奏了一曲电子版的《星条旗》(The Star-Spangled Banner),这首曲子成为20世纪60年代音乐和文化的代表作。此时,巡演、成名、毒品和酒精已经开始对亨德里克斯造成伤害。怀特岛音乐节一个月后,亨德里克斯去世,年仅27岁。

> 尽管亨德里克斯的能力无可置疑,但他并没有真正适应纽约的生活。

在右撇子世界中的左撇子

亨德里克斯以左手弹吉他而闻名,也就是说,他用右手按弦,左手拨弦。可是,左手吉他稀少又昂贵,于是亨德里克斯选择了一把普通的右手芬达·斯特拉托卡斯特电吉他(Fender Stratocaster),将其上下颠倒,使调音钉位于底部,然后重新上弦,这样就改变了吉他的声音。芬达·斯特拉托卡斯特电吉他有三个拾音器(电麦克风,用于产生输入吉他放大器的信号),而后方的拾音器与琴弦成一定角度。将吉他颠倒意味着该拾音器从指板上更高的弦上接收信号,产生更加甜美的音色。通过颠倒吉他,亨德里克斯还改变了每根琴弦与拾音器之间的相对距离,从而改变了吉他信号传输到放大器的声音的混合。颠倒琴弦还带来了另一个效果,普通芬达·斯特拉托卡斯特电吉他上最长的琴弦在亨德里克斯演奏的吉他上变成了最短的。较短的琴弦需要较少的张力来调音,使琴弦更容易弯曲和演奏。这种变化还改变了指板末端螺母与调音钉之间琴弦的数量。虽然螺母阻挡了琴弦的这一段弹奏出声,但拨弄琴弦时会产生泛音。改变琴弦这些部分的长度也是亨德里克斯打造出独特音色的原因之一。

依纳爵·桑乔

依纳爵·桑乔出生在一艘奴隶船上，他后来成为英国第一位拥有选举权的黑人

作者：瑟恩·马蒂卢科

据报道，依纳爵·桑乔（Ignatius Sancho）于1729年出生在一艘运送非洲奴隶横渡大西洋的船上。他的母亲在他出生后不久去世，之后他的父亲也去世了，结果，1731年，桑乔还在蹒跚学步时就被送给了英国格林威治的三名妇女。这些妇女认为他酷似西班牙著名文学人物堂吉诃德的侍从桑乔·潘沙（Sancho Panza），因此决定给他取名桑乔。

长大后，他遇到了贵族约翰·蒙塔古（John Montagu）（第二代蒙塔古公爵），后者对他很感兴趣，并鼓励他学习阅读。1749年，青少年桑乔离开了格林威治的家。他后来写道，他很不幸"被安置在这里，这个家庭认为无知是服从最好且唯一的保障"。他询问蒙塔古一家是否可以让他留在他们家。他很快就开始为约翰·蒙塔古的妻子玛丽做管家，1751年蒙塔古夫人去世后，他继承了70英镑现金和每年30英镑的收入。然

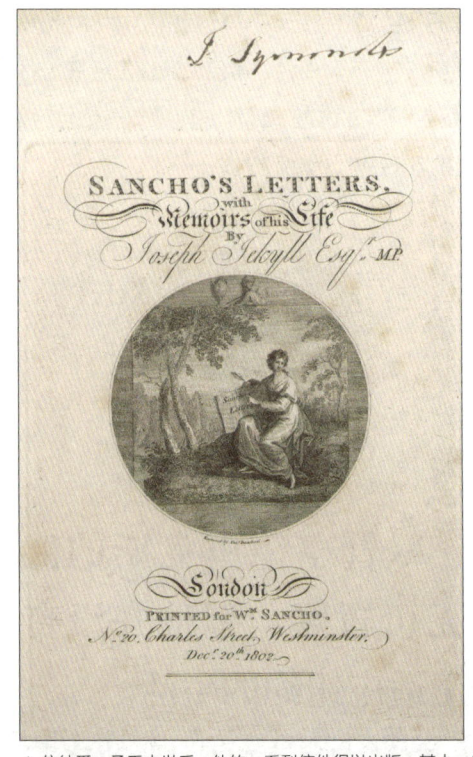

▲ 依纳爵·桑乔去世后，他的一系列信件得以出版，其中一些信件详细阐述了他对奴隶制、基督教和英国政治的看法

而，令人遗憾的是，他没能利用大部分钱，因为他把很多钱都花在了赌博上。

不过，到1758年，他的命运发生了改变，他娶了一位名叫安妮·奥斯本（Anne Osborne）的西印度女子为妻，并进一步发展了自己的阅读、写作和音乐创作兴趣。他为小提琴、曼陀林、长笛和大键琴创作了大量诗歌、剧本和音乐作品，其中包括1769年印刷的一卷作品集《小步舞曲、戈蒂雍舞和乡村舞曲》。桑乔在书名下方写道："非洲人撰写"。

后来，他与安妮生了七个孩子。他还成为约翰·蒙塔古的女婿乔治·蒙塔古（John Montagu）的贴身男仆。

依纳爵·桑乔最著名的肖像就是在他担任乔治·蒙塔古的贴身男仆期间绘制的。这幅肖像画由托马斯·庚斯博罗（Thomas

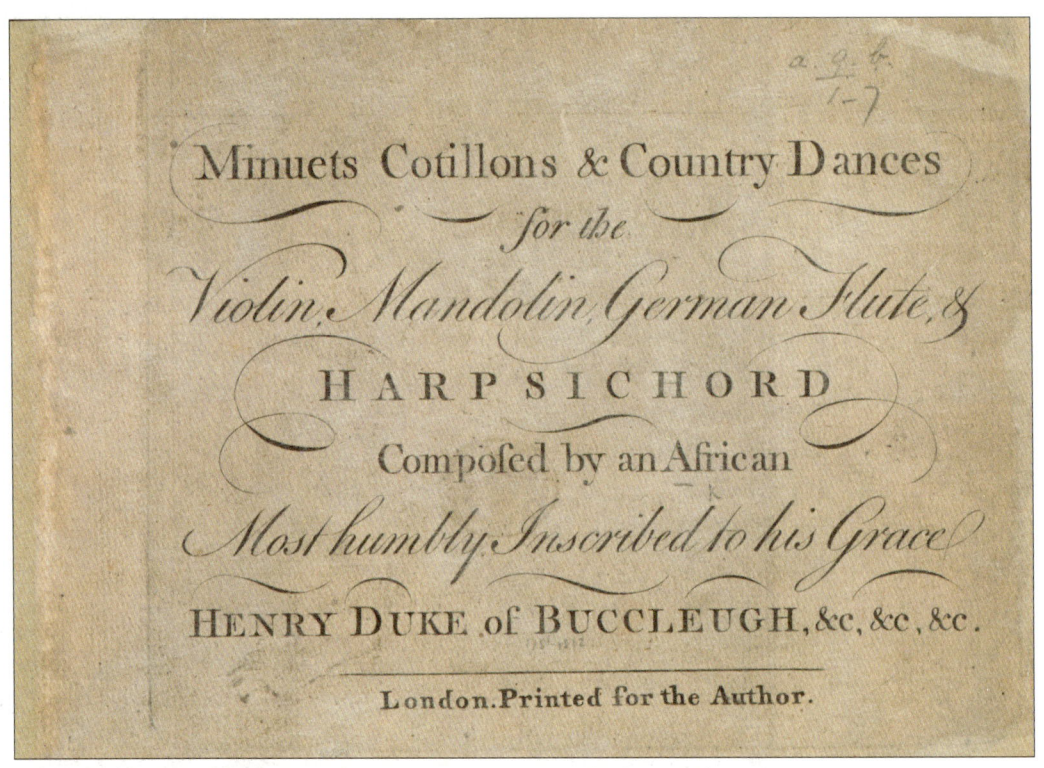

▲ 除了写信，依纳爵·桑乔还创作音乐，其中一些作品于 1775 年发表在这本作品集中

Gainsborough）于 1768 年绘制，展示了桑乔在英国社会中的崇高威望。画中的桑乔身着金边马甲，摆出当时受人尊敬的绅士的姿势，将一只手插在马甲里。

1774 年，桑乔用他的 30 英镑年金在梅费尔[1]开了一家杂货店，并在那里招待了几位客人。闲暇时，桑乔在店后给亲朋好友写了很多封信，其中包括著名作家劳伦斯·斯特恩（Laurence Sterne）。在一封信中，他恳求斯特恩利用自己的名气游说反对奴隶制，认为"以您独特的方式处理这个问题，可能会减轻许多人的负担"。

斯特恩与朋友和同事的书信集于 1775 年出版，其中包括他与桑乔的书信，桑乔因此成为伦敦广为人知的人物。桑乔利用他新近获得的声望，大声疾呼反对种族主义，并写信给报纸编辑，倡导废除奴隶制。

然而，这并没有使他免受种族主义的迫害，因为正如他在给朋友罗杰·拉什（Roger Rush）的信中所写的那样，他抱怨有一次"在回家的路上"，他和他的家人"被注视着，被跟踪着……但并没有受到什么辱骂"。正如他在另一封信中写到的那样，尽管他从蹒跚学步时就来到了英国，但他觉得自己"只是一个寄宿者，而且几乎连这都算不上"。

不过，作为一名经济独立的男性户主，他

---

[1] 梅费尔是英国伦敦市中心的一个区域，位于威斯敏斯特市内。其边界大致为西到海德公园，北到牛津街，南到皮卡迪利街和格林公园，东到摄政街。

有资格投票,并在1774年和1780年的选举中参加了投票。他也许是第一位在英国大选中投票的非洲裔英国人。桑乔于1780年12月4日死于痛风和哮喘引起的并发症。《绅士杂志》(Gentleman's Magazine)刊登了他的讣告,使他成为首位在英国报纸上刊登讣告的非洲裔英国人。

桑乔去世后,名声更加响亮,特别是由于1782年,他的160封书信在《已故非洲人依纳爵·桑乔的书信》(Letters of the Late Ignatius Sancho, an African)一书中出版。他单刀直入、幽默风趣的文笔令许多废奴主义者兴奋不已,他们大力推广这本书,并将其作为回击反对废奴人士的有力例证,以表明非洲人与欧洲人一样能够有教养。这本书大受欢迎,桑乔的妻子和余下的家人都从这本书的销售中获得了可观的利润。

桑乔在信中详细阐述了他对诸多话题的看法,包括他对1780年戈登暴动的恐惧;他对自己非洲血统的自豪——"我是一名非洲爵士,非洲!";他对被他称为"天才"的非洲裔美国诗人菲利斯·惠特利(Phillis Wheatley)的赞美;以及他对英国在跨大西洋奴隶贸易中所扮演角色的谴责,他认为这种贸易"无一例外是邪恶的"。

一图胜千言

仔细看看这张照片。你认为它代表了谁?这个问题一直困扰着艺术界。以前,艺术史学家确信这是一幅18世纪约书亚·雷诺兹(Joshua Reynolds)描绘废奴主义者奥拉达·艾奎亚诺的画作。然而,2006年开始出现证据表明,这幅画实际上画的并不是艾奎亚诺,而是另一位英国黑人。

艺术史学家约翰·马丁(John Madin)认为,这幅画很可能是艾伦·拉姆塞(Allan Ramsay)为依纳爵·桑乔绘制的肖像。他的论点基于这样一个事实:画中的男子身着红色华服,与贵族圈子中的人相吻合。此外,这幅画很可能是在18世纪50年代绘制的,当时桑乔正准备结婚,因此很可能是为了配合他的婚礼而委托他人绘制这幅画。相比之下,18世纪50年代的奥拉达·艾奎亚诺还是一个尚未摆脱奴役的少年。

不过,如果只是在桑乔和艾奎亚诺之间做出选择,可能也过于局限,因为这幅画也可能是英国另一位不知名的黑人。

詹姆斯·鲍德温

非洲裔美国作家詹姆斯·鲍德温于 1954 年荣获古根海姆研究基金，从此彻底改变了美国人对种族和社会的观念

作者：艾丝莉·西蒙娜·约翰逊

詹姆斯·鲍德温（James Baldwin）于 1924 年 8 月 2 日出生在纽约哈莱姆区[1]，他是家中九个孩子中的长子，由母亲艾玛·琼斯（Emma Jones）和继父大卫·鲍德温（David Baldwin）抚养成人。对鲍德温来说，在一个对宗教信仰持保守态度的再婚家庭中成长并不容易，尤其是在他青少年时期，他开始意识到自己是一名同性恋，这使他开始寻求逃离。

移居巴黎之前，鲍德温大部分时间都泡在纽约的图书馆。在那里，他发现自己的写作爱好更像是一种技能和激情。在弗雷德里克·道格拉斯中学，他得到了著名的哈莱姆文艺复兴时期诗人和法语教师康蒂·卡伦（Countee Cullen）的指导。鲍德温成绩优秀，1942 年毕业后搬到了格林尼治村，这是纽约市曼哈顿南部下西城的一个大型居住区，大部分居民为中产阶级家庭。鲍德温在做零工维持生计的同时追求着自己的写作梦想。他最早的著名作品之一是散文集《土生子笔记》（Notes of a Native Son），其中记述了 1943 年哈莱姆骚乱，他在 19 岁生日那天目睹了这一事件。

转眼间五年过去了，24 岁的哈莱姆青年离开纽约，来到巴黎避难，口袋里只有 40 美元。鲍德温离开这座城市不仅是因为与家人关系紧张和在美国面临种族歧视，还因为他最好朋友自杀的事件。他担心如果留在纽约，自己也会像他的朋友一样从乔治·华盛顿大桥上一跃而下。

---

[1] 是位于美国纽约市曼哈顿的社区，原名来自一个荷兰的村庄。曾经长期是 20 世纪美国黑人文化与商业中心，也是犯罪与贫困的主要中心。1873 年，哈莱姆区纳入纽约市。

我不是你的黑鬼

与鲍德温已出版的书籍相比,他未完成的手稿或许更加引人入胜。如果《记住这所房子》得以出版,将有可能成为这位作家的力作。1979年,鲍德温在写给经纪人的一封信中首次提到了这本构想中的书,这本书很快就被麦格劳希尔公司选中。出版商对这本尚未完成的书非常有信心,向鲍德温支付了20万美元的预付款,这是鲍德温迄今为止获得的最大一笔利润。

这本书原本要讲述鲍德温的三位密友和革命领袖梅德加·埃弗斯(Medgar Evers)、马尔科姆·X和马丁·路德·金的生平故事,但遗憾的是,由于鲍德温的精神创伤和身体疾病,这部作品最终未能问世。

63岁时,鲍德温与世长辞,留下了只写了30页的《记住这所房子》。然而,这个故事得以以更加深入和全面的方式流传下来。2017年,这部未完成的小说被改编成了一部名为《我不是你的黑鬼》(I Am Not Your Negro)的纪录片,由拉乌尔·派克(Raoul Peck)执导。在这部获得奥斯卡提名的电影中,突出展现了鲍德温的友谊、他的公开露面、20世纪60年代警察暴力的原始影像片段,以及一个非常明确的信息:"并非所有面对的事情都能改变,但如果不去面对,就无法改变任何事情。"

从1954年的古根海姆研究基金到2018年的奥斯卡提名,天才作家詹姆斯·鲍德温的作品屡获殊荣

在巴黎的岁月里,鲍德温成长为一位艺术家,并迅速沉浸于文化激进主义之中。他参与了左岸运动[1],那是一个充满着波希米亚气息、反主流文化和创造力的时代。在这段时间里,他与编辑们建立了紧密的联系,并在《零》(Zero)杂志上发表了一篇文章,另外一篇名为《每个人的抗争小说》(Everybody's Protest Novel)的散文于1949年刊登在《游击队评论》上。

这位自诩为"治安扰乱者"的作家以向社会揭露令人不舒服的真相为职业,但事实证明,他在一个地方待得太久反而更不舒服;到1952年,他在瑞士卢克巴德完成了他的处女作《在山上讲述》(Go Tell It on the Mountain)。20世纪50年代末,他回到了美国,这次是在南方,与马丁·路德·金一起积极参与民权运动,记录美国黑人男女的经历,并成为那个时代最杰出的代言人之一。

1963年,鲍德温的散文集《下一次将是烈火》(The Fire Next Time)成为《纽约时报》(New York Times)畅销书,这使他声名鹊起,巩固了自己的国际声望,并赢得了白人读者群的青睐。盛名之下,鲍德温继续创作更多的杰作,包括他的首部短篇小说集《去见那个人》(Going to Meet the Man,1965年),同时他还积极参与抗议活动、筹集资金,并为他的朋友遭到暗杀而哀悼。

1970年,鲍德温在法国南部的圣保罗德旺斯找到了安身之所。直至1987年12月1日去

---

[1] Left Bank movement,指20世纪50年代和60年代在法国巴黎的圣日耳曼区(Saint-Germain-des-Prés一带兴起的一股文化和知识界的运动。这个运动以左岸(Rive Gauche)一带的咖啡馆和书店为中心,聚集了许多作家、艺术家、哲学家和知识分子。左岸运动对法国乃至全球的文化和思想产生了深远的影响,推动了一系列社会和政治变革,同时也成为一个自由、反传统和艺术创新的象征。

▲ 1965年，詹姆斯·鲍德温在"塞尔马到蒙哥马利游行"后向群众发表讲话

世，他大部分时间都在自家花园里绘画，并经常接待来访的尼娜·西蒙（Nina Simone）、约瑟芬·贝克（Josephine Baker）、迈尔斯·戴维斯（Miles Davis）和雷·查尔斯（Ray Charles）等众多名人。他们在的时候，鲍德温会高高兴兴地和他们一起去胡安爵士音乐节和尼斯爵士音乐节。鲍德温对音乐和电影都有着浓厚的兴趣，通过创作来表达自己的热爱，比如获奖剧本《查理先生的布鲁斯》（Blues for Mister Charlie，1964年）和备受好评的《恶魔找到工作》（The Devil Finds Work，1976年），后者被誉为有史以来最具影响力的电影评论之一。

鲍德温在法国忙于社交和社会活动时，他在美国确实受到了一些批评。一些评论家认为他无法面对自己祖国的现实，另一些评论家则认为他的作品肤浅。然而，如今他的作品仍然被全球数百万人一读再读。多年来，鲍德温的几部作品甚至被改编成了获得奥斯卡奖和提名的影视作品，其中最著名的包括《在山上讲述》、《如果比厄街能说话》（If Beale Street Could Talk）、《另一个国家》（Another Country）和《记住这所房子》（Remember This House）。

奥普拉是首位跻身福布斯美国400富豪榜的非洲裔美国女性

奥普拉·温弗里

奥普拉·温弗里克服了巨大的困难和创伤，成为美国最成功的女性之一

作者：拉沙德·格罗夫、丹·皮尔

奥普拉·温弗里（Oprah Winfrey）从出身贫寒到成为亿万富翁的迅猛崛起，是美国历史上最引人注目的成功故事之一。作为来自美国南部农村地区的黑人女性，她能够克服种族主义、阶级歧视和性别歧视的重重困难，展现出了她不可否认的才华、远见和坚韧不拔的精神。

1954年1月29日，奥普拉·盖尔·温弗里出生于密西西比州科修斯科一个贫穷的农村小镇，她的父母弗农·温弗里（Vernon Winfrey）和弗尼塔·李（Vernita Lee）都是未婚的青少年。母亲搬到威斯康星州密尔沃基市后，她与祖母相依为命。由于家境贫寒，奥普拉有时不得不穿着用马铃薯袋做成的裙子，这引来了当地孩子们的嘲笑。然而，更糟糕的事情还在后头。

她在6岁左右被送到母亲身边生活，在那里她遭受了最大的童年创伤。年仅9岁的她被一名表亲强奸，不得不忍受母亲的男性亲戚和朋友的性虐待。14岁时，她怀孕了，但由于早产而失去了孩子。

尽管她面临着如此艰难的成长环境，但她的才华仍然得以绽放。她很有演讲天赋，在祖母的教堂里，她有个绰号叫"布道者"。她还展示了自己的脱口秀天赋，模拟采访她的玩偶和当地的野生动物。

在经历了青春期的叛逆后，奥普拉被送到田纳西州的纳什维尔，与严于律己的父亲弗农一起生活。在这里，她真正开始茁壮成长，成为一名有抱负的优等生，赢得演讲竞赛，并由此得到了

奥普拉的慈善事业

奥普拉·温弗里的标志之一是她慷慨的慈善事业。1998年,她成立了奥普拉天使网络,以支持慈善项目,并向全球各地的非营利组织提供资助。截至2010年,该组织共募集到8000多万美元,之后更停止接受捐赠,最终解散。

2005年,当卡特里娜飓风摧毁了新奥尔良时,奥普拉创建了奥普拉天使网络卡特里娜登记处,帮助筹集了1100万美元的救灾资金,而奥普拉本人也捐出了1000万美元。在卡特里娜飓风和丽塔飓风一周年纪念前,这笔资金被用于在得克萨斯州、密西西比州、路易斯安那州和阿拉巴马州建造房屋。

2004年,奥普拉成为首位跻身"最慷慨的50位美国人"之列的非洲裔美国人,到2012年,据估计她已向教育事业捐赠了约4亿美元的财富。她还为佐治亚州亚特兰大市的莫尔豪斯学院提供了400多份奖学金。2013年,奥普拉向史密森尼学会的非洲裔美国人历史和文化国家博物馆捐赠了1200万美元。随后,奥巴马总统因她的贡献向她颁发了总统自由勋章。早在2008年,她普力助奥巴马竞选。

在她的所有成就中,最引人瞩目的可能是奥普拉·温弗里女子领导力学院,这是一所位于南非的女子寄宿学校,为8至12年级的女学生提供教育。

在与南非总统纳尔逊·曼德拉(Nelson Mandela)的对话后,奥普拉·温弗里女子领导力学院于2002年开办,并于2007年开学,首届72名女生于2011年毕业。目前,奥普拉·温弗里女子领导力学院已有400多名女孩毕业,并进入世界各地的一流大学就读。

到田纳西州立大学传媒专业深造的全额奖学金。在引起当地黑人电台的注意后,她被聘为兼职新闻播音员,从此开始了她的职业生涯。毕业后,她成为纳什维尔第一位黑人女新闻主播,1976年,奥普拉搬到马里兰州巴尔的摩,在那里短暂担任过电视新闻记者。

1978年,奥普拉开始在当地脱口秀节目《大家谈》(People Are Talking)担任主持人后终于找到了自己的位置。这个节目取得了非凡的成功,于是1983年,奥普拉搬到芝加哥主持自己的早间节目《芝加哥早晨》(AM Chicago)。她的第一期节目于1984年1月2日播出,仅仅几个月的时间,她就将该节目从收视率垫底的位置一举带到了收视率第一的宝座上,超越了菲尔·唐纳修(Phil Donahue)的《唐纳修秀》(Donahue),成为芝加哥收视率最高的脱口秀节目。

奥普拉保持着强劲的势头,于1986年推出了《奥普拉·温弗里秀》(The Oprah Winfrey Show),从当地的名人一跃成为全国范围内的电视巨星。不久之后,这档节目就成为美国排名第一的日播脱口秀节目,吸引了1000万观众。在第一年结束时,节目的总收入就达到了1.25亿美元,而奥普拉自己也从中获得了3000万美元的利润。

这档节目的成功源于奥普拉温暖而又真诚的天性,以及她对观众和嘉宾的感同身受、坦诚相待。她采访了从迈克尔·杰克逊(Michael Jackson)到汤姆·克鲁斯(Tom Cruise)等顶级名人,报道了一系列新闻故事。与当时许多脱口秀节目不同之处在于,她吸引了黑人和白人女性观众,并为她们提供了发声的机会。

《奥普拉·温弗里秀》在播出了25季之后

▲ 1989年，奥普拉·温弗里做客《大卫·莱特曼晚间秀》(*Late Night With David Letterman*)

于2011年结束，它是美国播出时间最长的日间电视节目之一，在美国200多家电视台和世界100多个国家播出，在播出期间获得了47项艾美奖。

然而，奥普拉远不止是一位电视主持人和脱口秀节目主持人。1985年，她在史蒂文·斯皮尔伯格（Steven Spielberg）的《紫色姐妹花》(*The Color Purple*)中担任主演，凭借出色的表演获得奥斯卡最佳女配角提名。随后，她还出演了《魅影情真》(*Beloved*)、《蜜蜂总动员》(*Bee Movie*)、《公主与青蛙》(*The Princess and the Frog*)、《时间的皱褶》(*A Wrinkle In Time*)等众多影片。1985年，她成立了哈波制片公司，并制作了《心爱的人》(*Beloved*)、《真爱》(*Precious: Based on the Novel 'Push' By Sapphire*)和《塞尔玛游行》(*Selma*)等影片。

奥普拉还与他人合著了五本书，并于2004年推出了《奥普拉杂志》(*The Oprah Magazine*，简称《O》)，这是一本面向女性读者的月刊，涵盖生活的各个方面。从创刊直到2020年9月，每一期的封面都是奥普拉的身影。奥普拉在整个职业生涯中积累了大量的个人财富，32岁时成为百万富翁，41岁时取代比尔·考斯比成为福布斯美国400富豪榜上唯一的非洲裔美国人。2003年，她成为首位非洲裔美国女亿万富翁，2014年成为美国最富有的白手起家的女性。

毫无疑问，奥普拉·温弗里不仅凭借她的亿万富翁身份，更因为她所经历和克服的一切，成为黑人优秀的典范。她的故事仍在继续书写，她将继续利用自己的平台在全球产生深远的影响。

图派克是一位直言不讳批评种族主义和不公正现象的人,英年早逝是他生命的终章

图派克·夏库尔

说唱歌手、演员、诗人和社会活动家图派克不仅改变了嘻哈世界，也改变了流行文化的世界

作者：乔安娜·阿尔·萨马拉埃

尽管图派克·阿马鲁·夏库尔（Tupac Amaru Shakur）的音乐生涯只持续了短短五年，但据估计他在全球销售了超过7500万张唱片，使他成为历史上最受欢迎的音乐艺术家之一。在他英年早逝的二十多年后，当世界再次面对种族主义的压迫制度时，这位哲学家的电音嗓音和诗意歌词仍然具有重要的时代意义和价值。

1971年，就在被指控密谋炸毁数家百货公司后的一个月，黑豹党成员阿菲妮·夏库尔（Afeni Shakur）诞下了一个男婴，最初名为莱萨恩。在他年满1岁时，她决定给他重新起个名字叫图派克·阿玛鲁，以纪念那位被18世纪西班牙征服者残忍杀害的印加统治者。

图派克早年生活在纽约上西区，当时他的母亲在哈佛和耶鲁大学发表演讲。但随着政治风向的改变，一家人被迫前往巴尔的摩，图派克在那里上了艺术学校。图派克的继父穆图鲁被联邦调查局列为"十大通缉犯"之一后逃亡，母亲阿菲妮也染上了毒瘾和酒瘾，家境每况愈下。

家搬到加利福尼亚后，17岁的图派克一贫如洗。1991年，他加入说唱组合"数字地下"（Digital Underground）担任路演经理和舞者之后，运气开始改变。

图派克的大突破发生在接下来的一年，当时

▲ 1993年,图派克与他人合作制作了专辑《暴徒生活,第一卷》(*Thug Life, Vol. 1*),旨在让黑帮成员离开街头

他与新视镜唱片公司签约,仅在几个月后便发布了首张专辑《现代启示录二》(*2Pacalypse*)。这张专辑以其激进的歌词和对街头暴力和警察骚扰的生动描述,直指人心,既赢得了赞誉,也遭到了谴责。尽管饱受争议,单曲《布伦达有个小宝宝》(*Brenda's Got a Baby*)还是以对儿童虐待和女性斗争的感人探索而崭露头角。

随着图派克在街头赢得声誉,他作为说唱明星的地位也逐渐获得了认可——他的第二张专辑达到了白金销量。这张专辑内容复杂而矛盾,既美化了黑帮生活和极端男性气概,又描绘了贫民窟的贫困和种族不平等的现实,使图派克成为被

剥夺权益的年轻人的主要代言人。

1993年11月,图派克与音乐推广人雅克·阿格南特(Jacques Agnant)一起因性虐待被捕。在审判过程中,这位说唱歌手逐渐确信阿格南特是陷害他的政府线人。陪审团解散商议时,图派克前往时代广场的一家音乐工作室,在那里他身中五枪。图派克指控阿甘特和包括声名狼藉先生(Notorious BIG)在内的多名说唱歌手策划了这次袭击。图派克回到法庭后被判处长达四年半的监禁,保释金为300万美元。

身陷囹圄期间,图派克的第三张专辑《我与世界对抗》(Me Against the World)发行。这张获得格莱美奖提名的专辑深沉而脆弱地反映了贫民窟的暴力和男子气概。然而,为了养家糊口,这位说唱歌手不情愿地与死囚唱片公司损人利己的创始人苏格·奈特(Suge Knight)签订了一份手写合同,后者承诺会支付他的保释金。

出狱后,图派克一头扎进了录音室。与此同时,苏格煽风点火,大肆宣扬东西岸说唱歌手之间的恩怨,怂恿图派克推出《干掉他们》(Hit Em Up)等尖刻的挑衅歌曲。随着公众胃口被吊起,图派克在死囚唱片公司发行的首张专辑《众所瞩目》(All Eyez on Me)卖出了500多万张,成为他最畅销的专辑。

然而,就在图派克开始策划逃离苏格的掌控时,他的生命却戛然而止。1996年9月,在离开一场迈克·泰森(Mike Tyson)的拳赛后,图派克袭击了南侧克里普街帮的成员奥兰多·安德森(Orlando Anderson)。几个小时后,当图派克乘坐苏格的宝马车时,他被枪击四次。六天后,他离世了。尽管他的死被报道为报复性袭击,但许多人猜测苏格与此事有关。

在图派克去世后的几十年里,七张他的逝后专辑得以发布,歌曲选自他的大量未发表歌曲。这位说唱歌手甚至以全息形象的方式在科切拉音乐节上进行了表演,而他也激发了一部百老汇舞台音乐剧的创作灵感。

图派克与激进政治

图派克在一个社会活动家家庭中长大,这对他本人致力于行动主义和改革产生了深远的影响。除了他的黑豹党母亲阿菲妮,他还曾与继父穆图鲁·沙库尔(Mutulu Shakur)一起生活了数年。穆图鲁曾经是"革命行动运动"(一个倡导美国黑人自决和社会主义变革的组织)的成员,也是"新非洲运动"的成员,该运动旨在建立一个独立的黑人国家。穆图鲁还与黑豹党密切合作,支持他的养兄、哈林黑豹党领袖卢蒙巴·沙库尔(Lumumba Shakur)。20世纪70年代,穆图鲁成为联邦调查局非法反间谍计划的目标。他随后被捕,至今还在监狱中服刑。

图派克还深受他的教父杰罗尼莫·吉-贾加·普拉特(Geronimo Ji-Jaga Pratt)的影响,他是一名越战老兵,后来成为洛杉矶黑豹党的代理防卫部长。1972年,杰罗尼莫因一桩并非他所犯的谋杀罪入狱,在狱中服刑27年,最终被撤销原判。

▲ 阿菲妮·夏库尔为儿子的许多音乐作品提供了灵感,特别是1995年的歌曲《亲爱的妈妈》(Dear Mama)

尽管图派克过去一直对苏格·奈特（左）心存戒备，但在狱中他还是同意加入苏格的死囚唱片公司

让-米歇尔·巴斯奎特1983年在瑞士圣莫里茨工作时的照片

让-米歇尔·巴斯奎特

让-米歇尔·巴斯奎特是一位街头传奇人物，也是一位伟大的艺术家，即使在他去世之后，他仍然以其勇敢而革命性的视觉语言激励着一代又一代人

作者：约瑟芬·霍尔

1960年12月22日，让-米歇尔·巴斯奎特（Jean-Michel Basquiat）出生于纽约布鲁克林，父亲马蒂尔德是波多黎各人，母亲热拉尔·巴斯奎特（Gérard Basquiat）来自海地。他自幼喜爱绘画，4岁时就能读写。

1968年，7岁的巴斯奎特在街上玩耍时被一辆汽车撞倒。他摔断了一只胳膊，还受了内伤，接受了脾脏切除手术。他的母亲给他带来了一本1858年的医学教科书《格雷氏解剖学》（Gray's Anatomy），以缓解他住院期间的无聊。这本书对他日后的工作影响深远。

那一年，他的父母分居，他的母亲因精神疾病被送进了精神病院。孩子们与父亲一起生活，巴斯奎特断断续续地上高中，最终在10年级辍学。

1978年，17岁的巴斯奎特搬到了曼哈顿下城。他和朋友们住在一起，与阿尔·迪亚兹（Al Diaz）一起创作街头艺术，笔名是"SAMO"。二人组的涂鸦作品注重文字表达和诗意，其中包含着像"一根针掉在地上就像一股刺鼻的气味"这样的词句。

1979年，巴斯奎特和迈克尔·霍尔曼（Michael Holman）组建了噪音摇滚乐队"Gray"，在马德俱乐部和CBGB酒吧等地演出。

巴斯奎特在苏豪区街头卖明信片时，发现偶像安迪·沃霍尔（Andy Warhol）正在吃午饭。

▲ 2020年，艺术家爱德华多·科布拉（Eduardo Kobra）在纽约切尔西创作的一幅关于安迪·沃霍尔、弗里达·卡洛（Frida Kahlo）、凯斯·哈林（Keith Haring）和让－米歇尔·巴斯奎特的壁画

他卖给了安迪·沃霍尔一张明信片，为日后的友谊埋下了种子。

1979年10月，巴斯奎特在阿琳·施洛斯（Arleen Schloss）的开放空间展出了"SAMO"蒙太奇的复制品，还创作了他的"MAN MADE"服装——他作了画的二手衣服。

1980年初，巴斯奎特在苏豪区建筑的墙壁上写下了"SAMO已死"，结束了这个项目。这一年，他还出演了独立电影《81号市区》（*Downtown 81*），并在时报广场秀中展出作品，吸引了评论家和策展人的目光。

1981年，他的首次个人作品展大获成功，1982年3月，他在安妮娜·挪赛伊画廊举办了他在美国的首次个人作品展。同年他成为有史以来参加德国卡塞尔文献展最年轻的艺术家。布鲁诺·比绍夫伯格（Bruno Bischofberger）将他介绍给了安迪·沃霍尔，巴斯奎特为两人画了一幅肖像，这是他们友谊的开端。

1982年11月，他前往西好莱坞市，为他在高古轩画廊的第二次展览创作作品。他的女友麦当娜（歌手，当时尚未出名）与他一同前往。

1983年，市中心的另一位黑人艺术家迈克尔·斯图尔特（Michael Stewart）被警察杀害，巴斯奎特深受触动。

巴斯奎特与沃霍尔合作，将他们各具特色、截然不同的风格结合在一起。令人痛心的是，1985年他们的联展"绘画"被评论家和媒体撕得粉碎。巴斯奎特被称为沃霍尔的"吉祥物"。然而两人的关系日趋紧张，后来几乎没有说过话。

在白人主导的艺术世界里，巴斯奎特努力应对成名的要求和作为黑人的压力，他开始过量吸毒，但他仍在继续创作。1986年，他在科特迪瓦的阿比让举办的展览给了他很大的启发。在接下来的两年里，他在世界各地展出作品，朋友们则试图让他接受美沙酮治疗，但没有成功。

1987年2月，安迪·沃霍尔去世，巴斯奎特变得越来越喜欢独处。他仍在创作，但开始谈论做艺术以外的事情。1988年，他从夏威夷回来时说自己已经戒酒，但他的行为举止却表明并非如此，他的朋友们对此表示担忧。

1988年8月12日，巴斯奎特在曼哈顿的工作室中被发现时已没有反应。他死于过量吸食海洛因，年仅27岁。

基思·哈林（Keith Haring）在《时尚》（Vogue）杂志为巴斯奎特撰写的讣告中写道："他在十年间真的创作了一生的作品……只有现在，人们才开始了解他的巨大贡献。"

尽管巴斯奎特生命短暂，但他创作了2000多件作品。他将自己独特的图形风格与非洲、西班牙、古罗马和古希腊的意象融合在一起，并发表了尖锐的社会评论，包括对世界各地黑人所受压迫的评论。

2017年，一位日本亿万富翁在拍卖会上以1.105亿美元的价格买下了巴斯奎特的作品《无题》（Untitled，1982年）。这是美国艺术品拍卖的最高价，超过了他的偶像和朋友沃霍尔。

巴斯奎特是最早在艺术界获得国际地位和财富的非洲裔美国艺术家之一。他的影响力不仅体现在画廊展览中，还体现在电影、运动和嘻哈歌词中。2020年，篮球队"布鲁克林篮网"宣布他们新球衣的设计灵感来自巴斯奎特的艺术作品。

巴斯奎特与嘻哈音乐的崛起

20世纪70年代末，伴随着新表现主义在艺术界的兴起和街头涂鸦的蓬勃发展，崭新的音乐图景在布朗克斯区的非洲裔和拉丁裔美国人当中徐徐展开。巴斯奎特对这种伴有押韵语言的风格化节奏音乐产生了共鸣。

1981年，巴斯奎特出演了音乐电视网播出的首条说唱视频——"金发美女"乐队的《欣喜若狂》（Rapture）。他在片中饰演一名夜店DJ，他出现时歌词正好提到弗雷德·布拉思韦特（Fred Brathwaite, Fab Five Freddy）。巴斯奎特从街头艺术家转型进入高端艺术界，推动了艺术、音乐、电影和文化的空前融合，打破了长期存在的种族隔阂。1983年，巴斯奎特与马利克·约翰逊、拉梅尔兹合作制作了一首嘻哈单曲，并绘制了封面图片。该单曲限量发行，受到唱片和艺术品收藏家的追捧。

科里·卡特（JAY-Z）和坎耶·韦斯特（Kanye West）等大牌明星都提到过斯奎特，并购买了他的作品。2020年，一个名为"书写未来：巴斯奎特与嘻哈一代"的新展览在波士顿开幕。该展览将巴斯奎特的作品与20世纪70年代和80年代其他许多跨学科的黑皮肤和棕色皮肤创意先锋的作品一同展出。

▲ 一张12英寸的拉梅尔兹与马利克·约翰逊对唱的密纹单曲《打节拍》（Beat Bop，1983年），于2020年9月在纽约苏富比拍卖行首届嘻哈拍卖会预展期间展出

兰斯顿·休斯

非洲裔美国作家兰斯顿·休斯于 1926 年创作了《黑人谈河流》（*The Negro Speaks of Rivers*），并在哈莱姆文艺复兴时期引领了黑人文化在全球范围内的发展

作者：艾丝莉·西蒙娜·约翰逊

1902 年 2 月 1 日，兰斯顿·休斯（Langston Hughes）出生于堪萨斯州劳伦斯市，祖籍复杂，从一开始就对种族和与某些种族相关的陈规陋习有着强烈的意识。但直到在外祖母玛丽·帕特森·兰斯顿（Mary Patterson Langston）的照料下，了解到外祖母那一代人的积极努力，他才开始为自己的黑人身份感到自豪和好奇。

休斯酷爱写作，1921 年，19 岁的休斯在美国黑人杂志《危机》（*The Crisis*）上发表了他的第一首重要诗歌，为他赢得了第一批粉丝。20 岁时，他放弃了哥伦比亚大学的工程学学业，转而追求自己真正热爱的艺术。

他正式开始通过自己的写作探索黑人和黑人历史，并于 1926 年发表了他的第一首也是最受欢迎的诗歌之一《黑人谈河流》。这首诗收录在他的第一本诗集《疲倦的布鲁斯》（*The Weary Blues*）中，由克诺夫出版社出版。这首诗的出版使得河流成为黑人历史中力量和灵魂广为人知的象征。

同一年，休斯发表了名为《黑人艺术家与种族山》的强有力宣言。这份宣言面向年轻的美国

▲ 在20世纪20年代，哈莱姆涌现了大量黑人艺术表达，涵盖了音乐、文学和时尚等领域，容纳了爵士乐巨匠艾灵顿公爵在内的许多伟大音乐家

黑人作家和艺术家，鼓励他们拥抱非洲文化遗产，并试图颠覆"必须上大学才能在艺术领域取得成就"的资产阶级观念。

休斯秉持着自己的信念，他的大部分人生都没有在学校里读书，而是周游世界，同时以种族和文化为题材写下自己的冒险经历。在他出版了第一部小说《不能没有笑声》(Not Without Laughter) 并取得商业成功（1929年）一年后，他游历了美国、苏联、日本和海地，进行了巡回演讲。在这段时间里，他创作了更多广受欢迎的作品，如他的第一部短篇小说集《白人的方式》(The Ways of White Folks, 1934年) 和诗集《让美国再次成为美国》(Let America Be America Again, 1936年)，以及后来的《哈林》(Harlem, 1951年)。

说到哈莱姆，休斯这位获奖艺术家为哈莱姆文艺复兴做出了相当大的贡献，哈莱姆文艺复兴是以纽约哈莱姆为中心的非洲裔美国人艺术和文化表达运动。他不可避免地被冠以"哈莱姆桂冠诗人"的称号，甚至还与佐拉·尼尔·赫斯顿（Zora Neale Hurston）、华莱士·瑟曼（Wallace Thurman）、康提·库伦（Countee Cullen）、理查德·布鲁斯·纽金特（Richard Bruce Nugent）和艾伦·道格拉斯（Aaron Douglas）等著名的朋友一起创办了一本名为《火！！》（Fire!!）的杂志。他们诗意而有力的文字鼓励了整整一代黑人艺术家。

哈莱姆文艺复兴之后很长一段时间，休斯继续从事艺术创作，同时颂扬黑人文化、幽默和精神。1940年，38岁的他出版了第一本回忆录《大海》（The Big Sea），1956年又出版了另一本自传《我在漫游中遐想》（I Wonder As I Wander）。这两本书囊括了国际文化，清晰地描述了他游历欧洲、非洲和东亚的经历。

当然，就像任何一种成名方式一样，休斯肯定会受到公众的审视。他在一些白人评论家中争取认可时遇到了困难，而其他人有时会草率地将他的作品与卡修斯·克莱（Cassius Clay）相提并论，他偶尔还会收到来自黑人艺术家同行的负面评论，比如小说家和剧作家詹姆斯·鲍德温。

在充满创作的生活之后，休斯在纽约度过了他的最后几天。1967年5月22日，他因前列腺癌症接受手术后去世，享年65岁。他的骨灰仍埋在亚瑟·朔姆堡研究中心兰斯顿·休斯礼堂的地板下。令人印象深刻的是，他留下了两本自传、十六卷诗集、三本短篇小说集、两本小说和九本儿童读物。

一个简单的故事吗？

兰斯顿不仅仅是一位诗人，还是一位记者、喜剧演员和讽刺大师。1943年，作为《芝加哥卫报》（Chicago Defender）的专栏作家，休斯围绕虚构人物杰西·B.辛普尔（绰号"简单"）的生活开辟了每周专栏，这个专栏后来被整理成了三本合集：《辛普尔集锦》（Simple Speaks His Mind，1950年）、《辛普尔结婚了》（Simple Takes a Wife，1953年）和《辛普尔索赔》（Simple Stakes a Claim，1957年）。

休斯对自己在美国目睹的一切虚伪行为进行了有理有据的愤怒、反省和社会政治评论，他笔下的辛普尔毫不费力地赢得了该报读者的喜爱。从第二次世界大战一直到1943年的哈莱姆骚乱，所有话题都在讨论之列。辛普尔的故事一直持续了20多年，直到1965年休斯在《纽约邮报》（New York Post）上发表了最后一篇作品。

这一系列作品成为黑人文学乃至美国媒体的经典之作，因为所有种族都能与之产生共鸣。休斯曾经说过："……这些故事是关于许多人的，虽然它们并不是关于特定人物的故事。但生活在哈莱姆的人不可能不知道至少一百个辛普尔这样的人……"

约瑟芬·贝克

约瑟芬·贝克的魅力不仅仅在于她的表演、电影和迷人的外表。
她在第二次世界大战中与纳粹对抗，并取得了胜利

作者：里基·赖利

在玛丽莲·梦露（Marilyn Monroe）、多萝西·丹德里奇（Dorothy Dandridge）和莱娜·霍恩（Lena Horne）之前，有一位"黑人维纳斯""克里奥尔女神"，她就是约瑟芬·贝克。尽管在演艺事业上取得了巨大成功，但这位密苏里州圣路易斯人对种族主义和偏见的恐怖并不陌生。

约瑟芬·贝克出生于1906年6月3日，原名弗里达·约瑟芬·麦克唐纳（Freda Josephine McDonald），早年生活并不容易。根据一些记录，她的父母是杂耍演员和洗衣妇。钱财来之不易，身边的机会也寥寥无几。十几岁时，贝克开始学习舞蹈，并开始跟随其他杂耍剧团四处演出以谋生。她13岁结婚，但不到一年就离婚了。

15岁时，她嫁给了另一个男人威利·贝克（Willie Baker）。同样，这段婚姻也很短暂，但她在余生中一直保留了他的姓氏。20世纪20年代，贝克前往纽约生活，将她的舞蹈事业推向新的高峰。她在纽约度过的岁月对她的成长至关重要，因为她亲身经历了哈莱姆文艺复兴。她参与了一些成功的百老汇舞台剧，如与阿德莱德·霍尔（Adelaide Hall）合作的《舞动一生》（Shuffle Along，1921年）和《巧克力花花公子》（The Chocolate Dandies，1924年）。很快，贝克那诱人而大胆的舞蹈为她带来了巨大的国际声誉。

1925年，贝克所在的舞蹈团获得了在巴黎巡演的机会。当时的法国不像美国那样实行种族隔离。在那里，她可以自由行动，在最好的场所表演，并获得巨额财富，而在国内，黑人妇女还在为赚取足够的生活费而苦苦挣扎。1925年10月2日，年仅19岁的她首次在《黑人狂欢秀》（La Revue Nègre）上表演舞蹈。她经常为法

▲ 约瑟芬·贝克因中风去世，享年 68 岁，数以千计的粉丝参加了她的葬礼

国观众进行裸体或半裸表演。她的异国风情吸引了欧内斯特·海明威（Ernest Hemingway）等作家和毕加索等艺术家的注意，并成为他们的缪斯女神。

贝克在演艺事业中取得的巨大成功远远超出了她最初的期望和梦想。1925 年，她在"野蛮之舞"中穿着标志性的香蕉主题比基尼表演。这个标志性的演出使她在无声电影《热带妖姬》（Siren of the Tropics，1927 年）中获得了主演角色，并在欧洲巡演中崭露头角，而此时正值欧洲大陆法西斯主义兴起之际。大约三年后，贝克首次来到维也纳，与此同时，希特勒正在德国崛起。贝克遭遇了敌对的种族主义和极端的谩骂。当她前往演出地点时，街上到处都是偏执狂。城市里到处张贴着将她称为"黑魔鬼"的海报，她还因为性取向而成为众矢之的（贝克与男

人和女人都有感情纠葛，这已不是秘密）。1937 年，她嫁给了一位名叫让·莱昂（Jean Lion）的法籍犹太人糖业经纪人。他们的婚姻被贝克经常遇到的反犹分子视为一种威胁。

到了 1940 年，贝克已经取得了许多成就，包括主演了 12 部电影，并成为一位直言不讳的社会活动家。她也是盟军的得力助手。"二战"期间，作为一名巡回演出的歌手和舞蹈演员，贝克在纳粹占领下的法国的重要人物面前表演。这些权势显赫的人低估了她，经常在她面前畅所欲言，谈论最高机密的行动。她将收集到的信息传递给法国抵抗运动的领导人，为盟军扳回一局。

战后，贝克带着新获得的财富和作为文化偶像的巨大影响力回到了美国。然而，她所期望的热烈欢迎并未如愿以偿；她回到故土后却遭遇到了种族隔离和种族主义。贝克经常拒绝在实施种

▲ 贝克以她精心设计、大胆暴露的服装而闻名遐迩

日光下的间谍

法国抵抗运动需要英雄，约瑟芬·贝克响应了号召。"二战"伊始，盟军不敌德国的"闪电战"，法国迅速被德军占领，急需援助。尽管贝克的娱乐事业众所周知，但很少有人了解她在抵抗运动中扮演的间谍角色。

与数百万巴黎人一样，贝克逃离了这座城市，在南部的一座城堡安顿下来。她的庇护所欢迎着其他逃离战火纷飞的法国首都的人。当贝克与法国反军事情报负责人雅克·阿布泰（Jacques Abtey）接触时，她同意以情报官员的身份为她心爱的新国家服务。"法国造就了我今天的样子，"她说，"我将永远心怀感激。巴黎的人民给予了我一切……上尉，我愿意为他们献出生命。我任您差遣。"

贝克因其名人身份而隐藏在众目睽睽之下。她通过乐谱传递秘密情报，信息以类似詹姆斯·邦德电影中的隐形墨水写成。因为纳粹无法想象她会从事间谍活动，所以这位艺人会接近到足以听到计划和秘密行动的程度。此外，贝克还乐善好施。她卖掉自己的珠宝，为巴黎受苦受难的人们筹款。

战争胜利后，这位女歌手被授予十字勋章和抵抗勋章，并因其英勇事迹被授予荣誉军团骑士勋章。

族隔离政策的场地表演，迫使争相邀请她的俱乐部立即取消隔离政策。她还成了全美有色人种协进会的积极成员。在1963年的"华盛顿大游行"中，她说道："朋友们，我向你们保证，当我告诉你们我曾走进过国王和王后的宫殿，走进过总统的府邸，我从不撒谎。但是，我却无法走进美国的一家酒店，喝上一杯咖啡，这让我感到愤怒。"

作为一名艺人，贝克的传奇并不局限于舞台。她收养了来自多个国家的12个孩子，将他们视为自己的"彩虹部落"。1975年4月12日，这位"维纳斯"在巴黎辞世。在她的葬礼上，她受到了法国全套军事荣誉的表彰，成千上万的人前来参加。

▲ 约瑟芬·贝克1945年身着法国空军制服的照片

本杰明·泽法尼亚

本杰明·泽法尼亚用他的笔和比笔更加有力的嗓音,震撼了英国文学界

作者:基亚拉·南娜-迪凯查

20世纪80年代,英国社会种族歧视和失业问题日益严重之际,本杰明·泽法尼亚(Benjamin Zephaniah)成为英国黑人社群的有力代言人。与通常在英国受到赞赏的诗人不同,泽法尼亚以他在诗歌、散文和音乐方面的精湛技艺,为自己创造了一个独特的空间,并巩固了这个位置。

本杰明·泽法尼亚出生于1958年4月15日,在伯明翰的汉兹沃思长大。他对这个地方怀有深深的记忆,称其为"欧洲的牙买加首都"。

正是在这里,他以一个直言不讳、具有政治觉悟的青少年作家形象崭露头角。泽法尼亚在13岁时就中断了学业,到了15岁,他的诗歌已经在当地积累了大量的追随者。他的作品触及种族主义和阶级等问题,深深地触动了该市黑人和亚裔人口的心弦。

尽管他受到当地社区的支持,但这位诗人对向黑人宣传种族歧视而感到厌倦。他觉得自己的信息没有传达到大多数人——白人、英国人,因而错过了那些真正需要听到这些信息的人。为

当泽法尼亚被提名获得大英帝国勋章时,他在《卫报》(The Guardian)上发表了这样的言论:"绝对不行,布莱尔先生,绝对不行,女王陛下。我对帝国主义深感反感。"

一块大英帝国勋章？不了，谢谢。

2003年11月，本杰明·泽法尼亚被授予大英帝国勋章。女王选择他是因为他在文学方面对社会做出了重要贡献。然而，对于本杰明·泽法尼亚来说，这并不是一件值得骄傲的事。他毫不犹豫地拒绝了这一勋章，并公开谈论了自己的决定。对他来说，这块勋章是大英帝国的象征，象征着大英帝国对全球黑人和棕色人种的残酷压迫。接受大英帝国勋章将意味着认可他用整个生涯去批判的事物。诗人受到了公众的强烈反对，但也得到了全球的声援，收到了5000封支持者的来信。

在泽法尼亚的眼里，值得赞扬的是那些平凡的人，他们用自己的声音为正义大声疾呼。

▲ 泽法尼亚的诗歌意在口头传播,而非被书页所束缚

了改变这一状况,22岁的泽法尼亚搬到了伦敦。在那里,他加入了一个名为"第一页图书"的小型出版合作社,该合作社致力于推广那些具有强烈社区意识的诗人。合作社于1980年成功出版了他的第一部诗集《笔韵》(Pen Rhythm),引起了英国公众和出版商的关注。

泽法尼亚对文字的驾驭能力显而易见,但正是他的口语表达才真正成为舞台的焦点,将他推向国际。尽管他的第一本和第二本诗集(《恐怖事件》(Dread Affair))取得了巨大成功,但他坚持认为自己的作品最好通过口头表达。泽法尼亚从牙买加的配音诗歌中汲取灵感,开始在现场

活动中表演自己的诗歌。其作品中的社会和政治评论以及动画配音风格使其对广大读者具有极大的吸引力和亲和力。从学龄儿童到受过高等教育的成年人，泽法尼亚独特的声音和流畅的表达方式吸引了众多人的关注。

在20世纪80年代，泽法尼亚的诗歌在抗议、集会和俱乐部中回荡，成为许多人娱乐和灵感的源泉。他的作品激发了低收入社区的边缘人群的变革精神。他的同时代人和后来的人都认为他是极具影响力和敢于大声反抗压迫制度的重要人物。随着泽法尼亚的表演生涯渐入佳境，他很快成为英国被拍成电影、被拍照和电视转播次数最多的诗人。如果他不在第四频道，就能在报纸上找到他的身影。在全国人民的注视下，他就种族、战争、素食主义和环境等一系列问题坦率又大胆地发表了讲话。他信仰的一个基本部分是尊重自然和保护人类生命。因此，泽法尼亚致力于积极行动，希望改善他周围的世界。这种态度吸引了人们对他的关注。从南斯拉夫到津巴布韦，泽法尼亚无论走到哪里都给人留下了深刻的印象。1991年，他进行了一次跨越世界各大洲的国际巡回演出。在22天的时间里，泽法尼亚成功地造访了南非、印度和中国等多个国家。他将这些地方称为他最难忘的巡演地，称他在口头传统仍然得到广泛实践和重视的地方感到最自在。

随着他的配音诗歌在年轻人中越来越受欢迎，本杰明·泽法尼亚决定在作品中直接与他们进行对话。他的小说《脸》（*Face*，1999年）、《难民男孩》（*Refugee Boy*，2001年）和《痞子说唱》（*Gangsta Rap*，2004年）探索了种族主义、仇外心理、欺凌和战争等当代问题。通过将青少年置于他现实主义叙事的中心，泽法尼亚向年轻人展示了对他们周围世界诚实且深思熟虑的探索。他的故事在十几岁的男孩中很受欢迎，这表明只要故事引人入胜并反映了他们的经历，他们就会乐意阅读。泽法尼亚突出了成长过程中困难的存在，他的作品给读者传递了一种坚韧不拔的精神，因为他塑造的角色能够在逆境中坚持不懈。

许多人都将他视为灵感的来源，包括说唱歌手洛伊尔·卡纳（Loyle Carner）。他写作的质朴文风和深度赋予了一代读者、作家和表演者力量。

史蒂维·旺德

这位来自底特律的口琴吹奏者、鼓手、键盘演奏家,从神童成长为雄心勃勃的灵魂乐大师

作者:比娜·纳迪姆

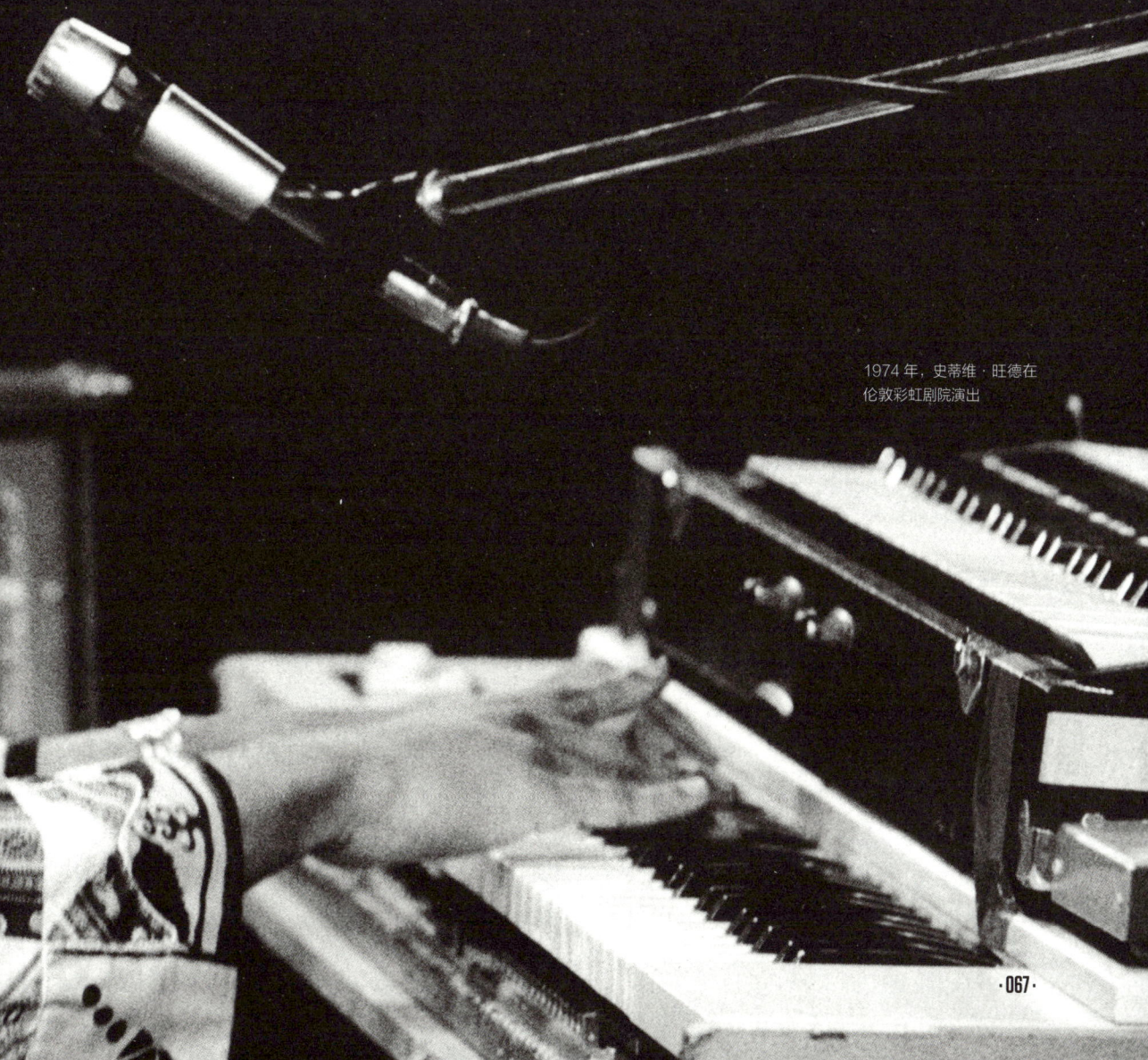

1974年,史蒂维·旺德在伦敦彩虹剧院演出

▲ 史蒂维在2020年的乔·拜登（Joe Biden）竞选集会上献上了一场精彩演出

在20世纪50年代底特律市内破旧的街道上，居民们常常想知道那些深情的声音是从哪里传出来的。很快他们就找到了答案，小斯蒂夫兰·贾德金斯（Stevland Judkins）很快在社区中成为著名的音乐神童。5岁的时候，他就能够从收音机里模仿歌曲，而到了8岁，他已经能够以令人惊叹的才华用钢琴和鼓演奏。他的歌声好像能够把他演唱时所在的教堂的尖顶都震落下来。他很快就引起了注意。11岁时，他与摩城唱片公司签约，并被命名为"小史蒂维·旺德"（Little Stevie Wonder）。史蒂维随后成为20世纪末最伟大、最有远见的音乐家之一，重新定义了灵魂乐的本质。

史蒂维成为男性独唱艺术家中获奖最多的人，他赢得了惊人的25座格莱美奖，专辑销量接近2000万张，从而赢得了几乎所有音乐巨匠的尊重，包括艾尔顿·约翰（Elton John）。

在五十多年的人生里，史蒂维经历了车祸、死亡威胁，以及因早产而带来的困境——最终失去了双眼的光明。

史蒂维的母亲卢拉·梅（Lula Mae）在十几岁时遇到了他的父亲卡尔文·贾德金斯（Calvin Judkins）。这位比她年长30岁的男人是一个虐待妻子的酗酒者、赌徒和皮条客。卢拉17岁那年生了史蒂维，那是她的第三个孩子。他早产了两个月，体重不到4磅（约1.814千克）。氧气灌注到他的保温箱里，使他的视网膜遭到了不可逆的损伤。但对史蒂维来说，失明从未阻碍他前进。他曾形容自己能够在音乐中看到颜色（联觉），这给他的歌曲增添了额外的维度。

1962年，在摩城的首次巡演中，史蒂维一炮而红。然而，这段早期经历也让他亲身感受到了南方腹地的偏见。在驶过通往阿拉巴马州伯明翰的"仅限白人"区域时，巡演巴士屡遭枪击。

到了1963年，他发布了冠军单曲《指尖》（Fingertips）。随后，专辑《现场录音：12岁天才》（The 12 Year Old Genius）也登上了榜首，他为史摩基·罗宾森（Smokey Robinson）创作的歌曲《小丑的眼泪》（The Tears of a Clown）也成为冠军。

在史蒂维的音乐生涯中，他在15岁之前

史蒂维的梦想机器

雅马哈GX-1从来就不是供公众使用的，它更像是雅马哈用来探索未来声音制作的试验平台。然而，史蒂维将其称为他的梦想机器，并借此将自己的音乐带入了一个全新的实验性高度，取得了令人难以置信的成功并且具有决定性的意义。

这是雅马哈的首款大型多音模拟合成器，它拥有三层键盘和镀铬基座，价格高达约40000美元（20世纪70年代的价格）。仅生产不到10台，其中大部分被音乐巨匠所收藏，如汉斯·季默（Hans Zimmer）、基思·埃默森（Keith Emerson），以及现在的"艾费克斯双胞胎"詹姆斯，等等。

它拥有184个键，声音可以在不同的键盘之间共享、叠加或分割，使史蒂维能够创造出宛如整个交响乐团的丰富音乐叙事，这成为他在1976年的专辑《生活答案的歌》中的关键。他在1979年发行的原声专辑《植物秘密生活之旅》(*Journey Through 'The Secret Life of Plants'*)中再次使用了这台合成器，但反响平平。据说史蒂维买了两台，其中一台现在陈列在拉斯维加斯的杜莎夫人蜡像馆中。

梦想机器，雅马哈GX-1，1978年在舞台上展示。这台属于基思·埃默森

经历了一个间隔期，这段时间里他的声音逐渐成熟，并展现出更强大和多样化的表现力，然后他发布了《不要急躁（一切都会好起来的）》【Uptight (Everything's Alright)】这首歌。在1966年至1969年，他与母亲合作创作了一些作品，比如《我生来就为了爱她》(I Was Made to Love Her)，这些歌曲在当时取得了一定的流行度，但没有像他后来的作品那样有持续的影响力。

随着20世纪60年代的终结，史蒂维的音乐走向发生了转变，与他之前更为欢快的氛围有所不同。他在1971年发布的专辑《我从哪里来》(Where I'm Coming From) 展现了一种反思，这或许并不令人意外，因为当时正值越南战争、警察暴力事件频发和马丁·路德·金被暗杀的时期。这张专辑还引入了独特的霍纳电钢琴，这种电子键盘确立了他放克音乐之王不可动摇的地位。

21岁时，史蒂维离开了底特律，前往纽约。在那里，他开始尝试未来主义的电子音效，这成为他经典时期的开端。他于1972年发布专辑《心灵之音》(Music of My Mind)，同年晚些时候又发布了《发音书》(Talking Book)，其中包含了经典曲目《迷信》(Superstition) 和《你是我生命的阳光》(You Are the Sunshine of My Life)。他沉浸在音乐自由中，1973年，他发布了职业生涯的巅峰作之一《为城市而活》(Living for the City)，这是一首关于不公正的叙事歌曲。随后，他重新与摩城唱片公司签约，发布了《内在视觉》(Innervisions)，在23岁的年纪就建立了自己的音乐帝国。

然而，几个月过后，1973年8月，史蒂维在一次车祸中受伤，陷入昏迷长达四天。令人惊讶的是，仅仅一年后，他就发布了充满活力的专辑《满意的首部终曲》(Fulfillingness' First Finale)，并荣获三项格莱美奖。年仅24岁的他取得的成就已经远远超越了当初的梦想，唱片销量估计达到了4000万张。

经过两年的休整，他推出了杰作《生活答案的歌》(Songs in the Key of Life)，这张专辑让观众和音乐家们都为之惊叹。他在其中涉及了时事主题，同时巧妙地融入了拉丁、爵士、福音音乐，以及西班牙语和祖鲁语的歌唱。这张专辑还加入了多声部雅马哈GX合成器发出的声音，使整张专辑呈现出全新的音乐维度。

在此之后，他放慢了节奏，全身心投入到艾滋病研究和反种族隔离运动等事业中。他发行了更多的专辑，尽管这些专辑未能达到他早期作品的高度，但他依然推出了一些热门单曲，如《乌木与象牙》(Ebony and Ivory) 和《兼职情人》(Part-Time Lover)。他还与斯汀（Sting）和舞韵乐队合作，并创作了《生日快乐》(Happy Birthday) 歌曲，为争取将马丁·路德·金的生日定为美国国定假日而努力。

1998年，史蒂维被任命为联合国和平使者，并于2014年获得巴拉克·奥巴马颁发的总统自由勋章，以表彰他在民权和音乐方面的贡献。2020年10月，史蒂维宣布离开摩城唱片公司，结束了与该公司长达60年的合作，并发布了两首新歌。2020年美国大选前他在乔·拜登的竞选集会上首次演唱了这两首新歌，证明即使在70岁的高龄，他依然保持着出色的表演能力。

少年时代的史蒂维·旺德曾在底特律工作

体育

075 穆罕默德·阿里

081 科林·凯珀尼克

084 杰西·欧文斯

089 迈克尔·乔丹

096 杰基·罗宾逊

100 塞雷娜·威廉姆斯

105 尤塞恩·博尔特

108 泰格·伍兹

113 贝利

阿里被许多拳击迷视为有史以来最伟大的重量级拳击手

穆罕默德·阿里

阿里是一个备受争议且直言不讳的人，但他总能带给人们欢乐。他不仅在拳击擂台上与对手搏斗，还与他所生活的社会进行斗争

作者：戴夫·鲁斯

他又开始了。每个夜晚，同一个高大而又认真的男孩在实施种族隔离的肯塔基州路易斯维尔空荡荡的街道上来回奔跑，脚踩着沉重的钢头靴子，专注地向着炎热的夏日空气出拳。他的名字叫卡修斯·克莱（Cassius Clay），一个安静的15岁男孩，就读于中央高中。这个孩子整天都在想着拳击。他的训练方式是在城市公交车的行驶路线上与之赛跑。他不喝酒也不抽烟，但却坚持每天喝下一杯混着生鸡蛋的牛奶。

有人说，他终将成为冠军。而当你看到他夜复一夜地训练，沿着格林伍德大道跑到俄亥俄河，来来回回，与看不见的敌人交手，笑容中透着汗水的时候，也许你会相信这句话。

小卡修斯·克莱出生在一个谦逊的招牌画家和女管家的家庭中，他是通过一次幸运的意外才开始涉足拳击的。12岁的时候，他骑着崭新的自行车去参加当地的街头集市。年幼的克莱在享受免费气球和冰激凌的同时，他的自行车却被

> 即使脖子上挂着一枚金牌，克莱在一家"仅限白人"的当地餐厅也被拒绝服务。

偷了。他哭着找警察报案。值班警官乔·马丁（Joe Martin）碰巧经营着当地的拳击馆。当体重只有40千克的克莱发誓要"痛扁"偷自行车的贼时，马丁回答道："好吧，你最好在开始挑战那些你想痛扁的人之前先学会如何打架。"

在接下来的六年里，克莱几乎就住在马丁的哥伦比亚体育馆里。马丁说他是"我所教过的孩子中最勤奋的一个"。克莱的身高也随之增长到1.9米，肌肉发达，自信心也更加强大。他一次又一次地赢得战斗，在业余比赛中不断攀升，最终在1960年18岁时以重量级选手的身份赢得了全国金手套冠军赛。正是在马丁的指导下，克莱练就了惊人的腿部力量和标志性的"蝴蝶"步法，令对手眼花缭乱、筋疲力尽。

年轻的冠军赢得了代表美国参加1960年在意大利罗马举行的奥运会的资格，但差点儿没去参加。克莱非常害怕飞行，在一家军品店购买了一个降落伞并绑在背上后才勉强登上飞机。在轻重量级金牌赛的三回合比赛中，克莱以惊人的表现击败了波兰对手，他未来的伟大初露端倪。克莱不再是那个来自路易斯维尔的害羞孩子，他凭借迷人的个性赢得了"奥运村市长"的昵称。

克莱以奥运冠军的身份回到美国，在纽约市的游行中乘坐车辆参加庆祝活动，并在他曾经就读的高中受到了英雄般的欢迎。然而，有些事情却没有改变。即便脖子上挂着金牌，克莱仍然在当地一家"仅限白人"的餐馆里被拒绝服务。

1960年末，克莱签署了他的第一份职业合同，用1万美元签约金的一部分给母亲买了一辆粉红色凯迪拉克。他还在佛罗里达州迈阿密海滩找到了一位新的教练，并在前六场职业比赛中轻松击败了对手，其中三场是通过击倒获胜。在内华达州拉斯维加斯的第七场比赛中，克莱遇到了职业摔跤手"华丽乔治"瓦格纳。当有人开玩笑说要打架时，乔治大声喊道："我会杀了他！我会撕下他的胳膊！我是世界上最伟大的摔跤手！""华丽乔治"大胆的自我宣传给克莱留下了深刻的印象，他发誓自己也要以自己的方式走向名利双收的道路。

1964年2月，克莱在佛罗里达州迈阿密海滩对阵桑尼·利斯顿（Sonny Liston），当时他还只是一个嘲讽挑衅对手、未尝败绩的22岁青年，有着"路易斯维尔之嘴"的绰号。尽管处于劣势，克莱还是在裁判员的一致判决下击败了年迈的拳王，"震惊了世界"（他自己的话）。他于次日宣布皈依伊斯兰教并改名为穆罕默德·阿里（Muhammad Ali）。

改名引起的公众反响异常强烈。世人看到的

是一个自命不凡的大嘴巴，毫不掩饰地称自己是地球上最伟大的人。

阿里在1965年与利斯顿进行了复赛。在缅因州小镇路易斯顿，阿里面对观众的嘘声，在仅仅过了两分钟的第一回合，他一记震撼人心的重拳将利斯顿击倒在拳击台上。阿里站在被击倒的利斯顿上方，挑衅让他重新爬起来，这张黑白照片成了体育史上最具标志性的见证之一。

凭借这场决定性的胜利，阿里保住了世界重量级拳王的头衔，接下来的三年里，他成功卫冕了八次。然而，他在拳击赛场上的胜利往往被他与美国军队的失败之战所掩盖。阿里在1964年被征召入伍，当时的协议是他将担任娱乐人员和发言人的角色，而不是步兵战士。然而，阿里拒绝入伍。1966年，阿里申请"依良心拒服兵役者"身份，声称他的宗教信仰禁止他在越南或任何其他"基督教"战争中服役。

1967年，阿里参加了他的入伍仪式，但在他的名字被叫到后，他拒绝前进。阿里是最早反对越南战争的公众人物之一，根据美国法律，他的拒绝入伍被视为重罪，可被处以1万美元的罚款并可能面临监禁。阿里向当地的征兵委员会提出上诉，但立即被剥夺了重量级拳王头衔和拳击执照。征兵委员会驳回了阿里要求获得依良心拒服兵役者身份的上诉，但阿里的律师将此案一直打到了美国最高法院，最终最高法院一致推翻了征兵委员会的裁决，为阿里平反。

最高法院的裁决在1971年做出，这是阿里被剥夺拳王头衔整整三年半之后，他带着巨大的怨气重返拳台。1971年3月8日，阿里向乔·弗雷泽（Joe Frazier）发起挑战，后者是一位强悍的拳击手。接下来的四年里，阿里与弗雷泽交手了三次。这场首战被誉为"世纪之战"，最终在第十五回合，阿里被击倒，这是他职业生涯中仅有的五次失利之一。

在接下来的两年里，阿里再次回归，击败了弗雷泽并最终将目光投向了年轻而看似无敌的乔治·福尔曼（George Foreman），在1974年于金沙萨（今刚果民主共和国首都）举行的"丛林大战"中展开了较量。阿里抵达非洲时，大批崇拜者的欢呼声如潮水般涌起，他们随处呼喊着："阿里，击败他！"

阿里从一开始就知道自己没有足够的力量来与年轻的福尔曼这位卫冕冠军相抗衡，因此他设计了一种策略来消耗对方的体力。阿里采用了以逸待劳战术，在前七个回合中大部分时间都贴着绳索，保护着自己的脸，任由福尔曼对他的身体进行猛烈的攻击。然后，在第八回合，阿里挺直身体，躲过了筋疲力尽的福尔曼的冲击拳，并迅速地发动了一连串闪电般快速的组合拳，最后一拳准确地击中了对方惊讶的下巴，将他击倒在地。

1975年，阿里和他的表演经纪人唐·金（Don King）安排了另一场海外比赛：与"冒烟乔"弗雷泽的第三次也是最后一次对决，被称为"马尼拉之战"。两位拳王都已过了巅峰期，在酷热的天气中毫不留情地相互拼击了十四个回合。这场残酷的激战在弗雷泽的眼下开了一个口子，赛场医生宣布阿里获胜。之后阿里与肯·诺顿（Ken Norton）完成了另一场传奇的三场系列赛，最终在1978年对阵年轻的利昂·斯平克斯（Leon Spinks），创下了史无前例的第三次

▲ 1964年2月，阿里在佛罗里达州迈阿密海滩将桑尼·利斯顿击倒

夺回世界重量级拳王头衔的纪录。

1981年阿里退役，他在拳击场外的个性与他在拳击场上破纪录的成就一样闻名于世。1999年，《体育画报》(*Sports Illustrated*)和BBC都将阿里评为世纪体育偶像。1984年被诊断出患有帕金森病后，阿里仍然在晚年保持活跃，但最终在2016年辞世，享年74岁。

凯珀尼克（中）成为耐克30周年"只管去做"广告活动的代表人物。该活动以口号"相信一些事情，即便这意味着牺牲一切"为特色

科林·凯珀尼克

科林·凯珀尼克以跪地抗议美国的警察暴行和系统性种族主义，为了捍卫自己的原则，他不惜牺牲了自己的职业生涯

作者：拉沙德·格罗夫、丹·皮尔

2020年5月，白人警官德里克·肖万（Derek Chauvin）暴力执法致乔治·弗洛伊德（George Floyd）死亡。随后，抗议活动在美国和世界各地的城市街头迅速蔓延。众多名人、体育明星和组织参与其中，他们或团结一致地参与游行，或公开支持"黑人的命也是命"运动，这一立场得到了广泛的支持。

然而，就在几年前，全美橄榄球联盟的四分卫科林·凯珀尼克（Colin Kaepernick）因拒绝在美国国歌奏响时起立，以突显美国黑人所遭受的系统性种族主义和警察暴行，却面临了完全不同的反应。他勇敢的个人抗议将他推向聚光灯下——与他在比赛中投出的触地得分使他成为聚光灯下的焦点不同——这让他饱受谩骂，并最终付出了牺牲职业生涯的代价。

科林·兰德·凯珀尼克（Colin Rand Kaepernick）于1987年11月3日出生在威斯康星州密尔沃基市。他的母亲海蒂·鲁索

奥运会上的抗议活动

在奥运会历史上，最具标志性的一幕发生在1968年墨西哥城奥运会。非洲裔美国运动员约翰·卡洛斯（John Carlos）和托米·史密斯（Tommie Smith）登上领奖台，当美国国歌奏响时，他们举起戴着黑手套的拳头，这一画面震动了全球，成了头条新闻。

就像凯珀尼克下跪一样，这次抗议主要是为了回应美国黑人所面临的困境。"我们对缺乏黑人助理教练感到担忧，对穆罕默德·阿里被剥夺头衔的事情感到担忧，对无法获得良好住房和我们的孩子无法进入顶尖大学感到担忧。"在后来的岁月中，史密斯解释道。虽然领奖台上的澳大利亚银牌得主彼得·诺曼（Peter Norman）对他们的抗议表示同情，但史密斯和卡洛斯在美国国内却因这一举动受到了严厉批评。他们回国后遭受了虐待，他们的家人也受到了死亡威胁。

▲（从左至右）1968年，彼得·诺曼、托米·史密斯和约翰·卡洛斯站在领奖台上

（Heidi Russo）在19岁时生下他。在发现怀孕后，她与孩子的父亲分手，并在整个怀孕期间一直在考虑是否将孩子送给别人领养。在一个朋友的介绍下，鲁索认识了里克和特蕾莎·凯珀尼克夫妇（Rick and Teresa Kaepernick），决定将科林交给他们抚养，以便他能得到更好的照顾。

4岁时，科林与家人搬到了加利福尼亚，他对运动的热爱很快就显露出来。8岁时，他开始参加青少年橄榄球比赛，仅仅一年后，凭借强有力的投球手臂，他有机会成为青少年队的首发四分卫。同样的投球技巧也让他在高中时成为一名令人敬畏的棒球投手。在约翰·H.皮特曼高中的日子里，科林在美式橄榄球、篮球和棒球方面表现出色，同时还保持着令人印象深刻的学业成绩。但是橄榄球是他的"初恋"。尽管他在运动上成绩斐然，能力也毋庸置疑，但由于被认为投球技术不佳，他被一些知名大学所忽视。

在参加内华达大学的选拔赛后，科林终于迎来了机会。他获得了奖学金，并于2007年加入学校橄榄球队。最初被招募为安全卫，但他大一时球队的首发四分卫因伤缺阵时，他毫不犹豫地抓住了这个机会。在内华达大学度过了四年并创造了多项学校纪录后，科林在2011年的全美橄榄球联盟选秀中被旧金山49人队选中。

在他的新秀赛季中，科林担任替补四分卫，但当机会来临时，他再次抓住了机会。2012年，长期担任首发的亚历克斯·史密斯（Alex Smith）受伤，科林接替了他的位置，在接下来的一个赛季里，科林带领49人队打进了第四十七届超级碗，但最终以微弱劣势输给了巴尔的摩乌鸦队。接下来的几个赛季对于科林和49人队来说基本上是平淡无奇的。

然而，这一切在2016赛季发生了翻天覆地的变化。在2016年7月，奥尔顿·斯特林（Alton Sterling）和菲兰多·卡斯蒂利亚（Philando Castile）被警察枪杀，而被指控杀害弗雷迪·格雷（Freddie Gray）的警察却被无罪释放。面对这一系列事件，科林决定利用自己的平台采取行动，或者更确切地说是跪地抗议。

在一场季前赛中，科林拒绝在放美国国歌时起立。当媒体质疑他时，他表示："我不会站起来为一个压迫黑人和有色人种的国家的国旗表示骄傲。对我来说，这不仅仅关乎橄榄球……有人横尸街头，有人带薪休假，有人逍遥法外。"

他在整个赛季中坚持抗议，拒绝为国歌起立，直到美国少数族裔的待遇得到了显著的改变。尽管他得到了一些支持，但他面临着来自政界、球迷、全美橄榄球联盟球员和媒体的激烈批评。然而，他毫不退缩。

赛季结束后，科林成为一名自由球员，但未能找到新的球队。2017年10月，他对联盟及其所有者提起诉讼，声称他们"串通一气剥夺了他的就业权利，以报复他对平等和社会正义的领导和倡导，以及他使人们认识到仍在破坏美国种族平等的特殊机构"。双方于2019年达成了和解。

尽管科林·凯珀尼克很可能不会再在全美橄榄球联盟中参加比赛，但他的行为让其他黑人运动员能够大胆发声，抗议种族不公。

杰西·欧文斯

非洲裔美国人杰西·欧文斯在 1936 年柏林夏季奥运会上赢得了四枚金牌,粉碎了纳粹"雅利安种族至上"的神话

作者:迈克尔·哈斯丘

詹姆斯·克利夫兰·欧文斯(James Cleveland Owens)的父亲是阿拉巴马州佃农,爷爷是奴隶。为了帮助家人生活,他采摘棉花并在一家鞋店工作。他小时候就发现自己热爱短跑的自由感、速度、爆发力和竞争性的比赛。

他于1913年9月12日出生在阿拉巴马州奥克维尔,是亨利·克利夫兰·欧文斯(Henry Cleveland Owens)和玛丽·艾玛·菲茨杰拉德·欧文斯(Mary Emma Fitzgerald Owens)的十个孩子中最小的一个。欧文斯9岁时,父母为了寻求更好的生活,搬到了俄亥俄州的克利夫兰。欧文斯一家是20世纪初大迁徙时期数百万非洲裔美国人中的一员。当他到达学校时,老师问他的名字,男孩回答说:"JC。"她理解错了并将他的名字记录为"杰西"。从那时起,他以杰西·欧文斯广为人知。

因为杰西放学后必须工作,所以他在费尔蒙特初中的教练查尔斯·莱利(Charles Riley)允许他在早上练习。在后来的岁月里,杰西将自己的成功主要归功于莱利。杰西在高中的田径比赛中大放异彩,创下了100码[1]和200码短跑以

---

[1] 1码约为0.9144米。

杰西·欧文斯,一位天赋异禀的运动员,从贫困中崛起,在 1936 年柏林奥运会上获得四枚金牌

> 在柏林令人眼花缭乱的几天里，欧文斯为自己和其他黑人运动员铺就了一条道路。

及跳远的纪录。他进入俄亥俄州立大学后，赢得了"七叶树子弹"的绰号。1935年5月25日，在密歇根大学举行的十大冠军锦标赛上，他取得了惊人的成就，在短短45分钟内，先后以9.4秒的成绩追平了100码短跑的世界纪录，并创造了跳远、220码短跑和220码低栏的新世界纪录。

杰西·欧文斯辉煌职业生涯的巅峰时刻是在1936年的奥林匹克运动会上。这次运动会在纳粹德国的首都柏林举行，纳粹德国的领导人阿道夫·希特勒意图通过运动胜利展示雅利安种族的优越性。

作为一名美国黑人，欧文斯对美国种族之间的鸿沟有着敏锐的认识。由于国内的歧视，他曾被劝说不要参加奥运会。毕竟，即使作为大学生冠军，他也无法获得奖学金，他被要求从服务门进入建筑物，住在种族隔离的酒店里，甚至因为餐厅的座位是留给白人的，他只能把饭菜带回房间吃。尽管如此，欧文斯和其他黑人运动员还是决定参加比赛。在欧洲，他们体验到了在美国所不曾有过的公民自由。这段经历深深影响了他们对美国持续存在的不公正现象的看法。

在柏林令人眼花缭乱的几天里，欧文斯为自己和其他黑人运动员铺就了一条道路，同时也粉碎了纳粹关于雅利安种族至上的神话。他在100米和200米短跑、跳远以及4×100米接力比赛中飞驰而过，夺得了胜利。他获得了四枚金牌，这一奥运壮举在接下来的48年里无人能及。

虽然欧文斯在国际上声名鹊起，但并不能保证他回到美国后的事业会一帆风顺。他拒绝与美国国家队一起参加瑞典的一项比赛，因此失去了业余运动员的身份。他曾做过加油站服务员、看门人和干洗公司经理。他有时会为了钱与业余选手甚至马匹比赛。欧文斯还与哈林环球旅行者篮球队一起打篮球，并投资了一个黑人棒球联盟，但该企业在两个月后就倒闭了。1942年到1946年，他在福特汽车公司工作。

许多人批评欧文斯与马匹比赛有失身份，欧文斯回应道："人们说这对一个奥运冠军来说有损尊严……但我能做什么呢？我有四枚奥运金牌，但金牌又不能填饱肚子。"在当时的环境中，欧文斯很难找到稳定的经济来源，最终他申请了破产。

后来，欧文斯被任命为美国的亲善大使，踏上了环游世界的征程。他亲临了1960年和1968年的奥运会。他最终因为肺癌在1980年与世长辞，享年66岁。

希特勒的握手？

至今，关于阿道夫·希特勒是否在柏林奥运会上，在奥运冠军杰西·欧文斯赢得四枚金牌后与他握手的问题，依然存在争议。一些记载明确指出，希特勒最初只与德国的冠军握手，而奥林匹克官员坚持他应该与每位冠军握手，要么全部握手，要么不握手。据说，作为回应，元首选择了后者，并经常在颁奖之前就离开了现场。

有一位观察者声称希特勒在摄像机无法拍到的地方与欧文斯握手，而另一位则表示欧文斯确实与希特勒握过手，并且这位冠军曾经展示过一张当时的照片。然而，这张照片是否存在从未得到证实。在希特勒的亲信阿尔伯特·施佩尔（Albert Speer）的里程碑之作《第三帝国内幕》（Inside The Third Reich）中，他提到希特勒对于那位令人惊叹的美国有色人种短跑者杰西·欧文斯的一连串胜利感到"极为恼火"。

有一件事很清楚。富兰克林·德拉诺·罗斯福（Franklin D Roosevelt）总统没有祝贺欧文斯在奥运会上取得的成就。白宫方面没有与他联系。这位冠军曾经评论道："当我回到祖国时，在经历了希特勒的种种故事之后，我无法坐在公共汽车的前排。我只能走后门。我不能住在我想住的地方。我没有受邀与希特勒握手，但也没有受邀去白宫与总统握手。"

迈克尔·乔丹

迈克尔·乔丹在篮球场上的空中运动能力让球迷们为之振奋，他为芝加哥公牛队赢得了总冠军，也为自己赢得了新的声誉

作者：马克·伍兹

在北卡罗来纳州威尔明顿的高中，迈克尔·杰弗里·乔丹（Michael Jeffrey Jordan）作为篮球运动员的天赋并没有引起注意。他的教练们并没有选择他参加比赛，这让这位15岁的少年伤心难过。他后来回忆道："没有被选入球队真是令人尴尬。"被拒绝后，他关上卧室的门，独自哭泣。

然而，被拒绝的经历却推动他走上了超越篮球伟人的轨迹。

1963年2月17日，迈克尔·乔丹出生于纽约布鲁克林，是詹姆斯·乔丹（James Jordon）和多洛雷斯·乔丹（James Jordon）五个孩子中的第四个。后来，他的父母搬回了他们在卡罗来纳地区的亲戚所居住的地方。那时正值学校取消种族隔离和社会变革，他相对顺利地适应了这一变化。

年轻的迈克尔是一位运动多面手。他在棒球方面有着天赋，直到詹姆斯在后院为大儿子拉里架起了一个篮球架，他才转而对篮球燃起了热情。兄弟间的战斗成为一个考验场，对这位未来的NBA球星非常有益。"我们从来没有考虑过兄弟情谊，"他说，"有时候打着打着篮球就变成了打架。"

在乔丹的职业生涯中，这成为一个持续的主题：面对挑战，点燃激情，毫不留情地回应。他在高三之前又长高了10厘米，身高最终达到了1.98米。这为他带来了来自美国各地的大学奖学金邀请。乔丹选择了离家最近的北卡罗来

乔丹率领球队在七场四胜的系列赛中以4比1的比分获胜,首次获得总决赛最有价值球员奖。

纳大学教堂山分校。在传奇教练迪恩·史密斯(Dean Smith)的指导下,乔丹投中了制胜一球,为柏油脚跟队赢得了1982年国家大学体育协会锦标赛冠军,这也是乔丹崛起的标志性时刻。尽管后来他完成了地理学学业,但乔丹选择提前离开,参加了1984年的NBA选秀,并开始从自己的天赋中获得经济回报。

令人惊讶的是,乔丹在选秀中并非状元,也不是榜眼。休斯敦火箭队需要一名中锋,于是选择了尼日利亚出生的阿基姆·奥拉朱旺(Hakeem Olajuwon)。作为历史上最伟大的球员之一,这个选择他们绝对不会后悔。波特兰开拓者队也选择了第二顺位的萨姆·鲍威(Sam Bowie)。事后来看,这是灾难性的失误。而芝加哥公牛队通过选择第三顺位的乔丹获得了巨大的收益。这位小前锋后来证明自己是篮球界的一代传奇。

作为NBA年度最佳新秀,乔丹迅速成为球迷心目中的全明星球员。他推动了门票销售,并使NBA成为观众必看的电视节目。公牛队依靠这位年轻天才球员的得分能力取得了成功,而他在场外的文化影响力则因他那双备受欢迎的飞人

▲ 在乔丹首次退役后两年，他重新回到篮球赛场，并在 1997 年 NBA 总决赛中带领球队获得了拉里·奥布莱恩冠军奖杯

▲ 1998年，迈克尔·乔丹与公牛队教练菲尔·杰克逊在公牛队完成第二个三连冠后合影

乔丹鞋而进一步扩大。

他的表现并非没有受到批评。有人认为他过于个人主义，忽视了团队合作。芝加哥队的成绩一直不尽如人意。值得注意的是，底特律活塞队成了乔丹的克星，即使乔丹在1988年第一次赢得了最有价值球员奖。

连续三年，那些活塞队的"坏孩子"在季后赛中对这位公牛队的偶像展开身体对抗，被戏称为"乔丹法则"。

底特律队连续两次夺得冠军。作为对策，理智的菲尔·杰克逊（Phil Jackson）接任芝加哥队的主教练。新秀组合斯科蒂·皮蓬（Scottie Pippen）和霍雷斯·格兰特（Horace Grant）成了乔丹的得力助手。1991年，乔丹赢得了他的第二个最有价值球员奖，而公牛队则创造了61胜的队史纪录。

击败活塞队后，公牛队在队史上首次晋级NBA总决赛。这场比赛将让两位真正伟大的篮球球员同场对决——魔术师约翰逊已经在洛杉矶湖人队赢得了五个总冠军。

然而，乔丹在这个七场四胜的系列赛中，以场均31.2分和11.4次助攻的出色表现，带领他的球队以4比1的比分获得了胜利。这是他首次获得总决赛最有价值球员奖杯。他在更衣室里流泪，过去的失败一扫而空。乔丹时代由此开启。

在确立霸主地位后，公牛队和乔丹展开了无情的追逐。1992年，他再次获得了最有价值球员奖，公牛队又一次进入总决赛。这一次，他们的对手是波特兰。最终，公牛队以4比2的比分获胜。

只有湖人队和波士顿凯尔特人队这两支球队在此之前曾连续三次夺得NBA总冠军。尽管乔丹的宿敌查尔斯·巴克利（Charles Barkley）抢走了他三座最有价值球员奖杯，但当他们在NBA总决赛中再度相遇时，乔丹成功报了一箭之仇，场均贡献41分，最终以4比2击败了菲尼克斯太阳队。这也成就了公牛队的三连冠。

在第二和第三个总冠军之间，乔丹在国外赢得了一个冠军头衔。在1984年洛杉矶奥运会上，他曾作为美国篮球队的一员获得奥运金牌。这是NBA球员首次参加奥运会，他成了后来被誉为"梦之队"球队的一员。

1992年巴塞罗那奥运会是篮球真正成为全球性运动的里程碑时刻。约翰逊、拉里·伯德（Larry Bird）、巴克利、乔丹——这仅仅是一个巨星云集的团队中的四位，他们在西班牙的任何地方出现，都会引来人们的簇拥和热情款待。问题不是美国人是否会赢，而是他们会以多大的优势取胜。

然而，乔丹的喜悦却烟消云散了。乔丹的名人地位给他带来了沉重的负担，他的赌博行为一直受到严格审查。在庆祝1993年夺冠仅仅一个月后，他就不得不悲痛地为父亲举行葬礼，他的父亲在一起抢劫事件中惨遭杀害。

詹姆斯·乔丹曾以最为严苛的爱驱使着他的儿子前进。身心俱疲的乔丹于1993年10月6日宣布退役，震惊了NBA，他当时只有30岁。"这并不是因为我不爱这项运动，"他说道，"但我只是觉得，我已经没有什么需要证明给自己的了。"

然而，接下来的春天，乔丹给人们带来了另一个惊喜，他签约加入了芝加哥白袜棒球队。作为一名受人尊敬的外场手，他乘坐公共汽车，愿意接受普通人的生活。这种经历唤起了他的活力。1995年3月中旬，芝加哥公牛队发布了一份只有两个单词的新闻稿："I'm back."（我回来了。）尽管乔丹在随后的季后赛中没有回到巅峰状态，但在接下来的三年里，他重新展现了昔日的辉煌，为芝加哥公牛队再次连夺三次总冠军。

在前底特律"乔丹法则"执行者丹尼斯·罗德曼（Dennis Rodman）和克罗地亚投篮手托尼·库科奇（Toni Kukoč）的加入下，公牛队在常规赛季中创下了72胜10负的纪录。1996年NBA总决赛中，公牛队以4比2击败了西雅图超音速队。乔丹想起了他的父亲，抱着奖杯痛哭不已。

在接下来的两个6月里，犹他爵士队期待着与芝加哥公牛队在总决赛中相遇。1997年，虽然乔丹正处于胃病的困扰中，但公牛队以4比2的比分获胜。第二年夏天，乔丹投中了决胜一球，将自己的比赛得分提升到了45分，公牛队再次以4比2夺冠，也使他第六次获得总决赛最有价值球员奖，创下了纪录。

令人难以理解的是，公牛队迅速解体。杰克逊没有续约，皮蓬离开了。乔丹选择再次退役，然而他的传奇地位已经牢不可破。

还有一个意想不到的转折。在1999年购买了华盛顿奇才队后，乔丹转入球队的管理层担任篮球运营总裁。对于他的管理才能，评价褒

▲ 作为一名高空飞人，很少有人能像乔丹一样拥有极为精彩的犹如杂技表演的扣篮能力

贬不一。然而，他心中萌生了东山再起的念头，2001年9月25日，他决定再次穿上球衣，重新成为一名球员。

尽管岁月剥夺了他一些运动上的优势，然而在那两年他仍然保持着惊人的得分能力。

乔丹在华盛顿度过的第二个，也是最后一个赛季成了他的告别之旅。他在2003年4月16日对阵费城76人的比赛中完成了自己第十四次全明星赛的亮相。他在罚球线上罚球命中，投中了他职业生涯的最后一分，他的总得分达到了32292分。乔丹在全场起立鼓掌时走下球场。此后，他再也没有复出。

乔丹的财富使他能够在2010年购买夏洛特黄蜂队，巩固了他从球员向企业家的转变。

他拒绝就社会问题发表言论，坚称："共和党人也买运动鞋。"作为NBA的重要人物，他的影响力在篮球界、政界以及更广阔的世界中不断扩大。

2020年，娱乐与体育节目电视网（ESPN）推出的电视系列片《最后一舞》（The Last Dance）对将乔丹推向巅峰的方法论进行了回顾性展示。

几乎没有人能否认，乔丹之所以在篮球领域几乎无人能及，正是因为他毫不掩饰的竞争心态。他的内心渴望卓越。追求任何低于这个标准的东西，都可能让他陷入令人尴尬的境地。

一定是鞋子的原因

体育明星代言产品已有一个多世纪的历史。然而，乔丹与耐克达成的具有里程碑意义的合约开创了品牌与形象大使合作的新浪潮。

在他的芝加哥新秀赛季开始之前，乔丹签约了飞人乔丹鞋，这款于1984年推出的球鞋使他成为历史上收入最高的运动员之一，并成为衍生公司"乔丹品牌"的合伙人。演员兼导演斯派克·李（Spike Lee）参演的广告更增添了它的吸引力。

在美国，这是一次突破，对于之前被许多大公司嫌弃、怀疑他们是否能吸引大众的非洲裔美国名人来说，这是一个里程碑。

在他的经纪人大卫·福尔克（David Falk）打造的利润丰厚的合约组合下，乔丹在场外的收入远超过他在球场上的薪水，并呈指数级增长，甚至在退役后也是如此。

最终，乔丹在不同人群中的广泛吸引力成为他建立商业帝国的基石，这个帝国不仅仅通过销售鞋子获得回报，还有其他方面的收益。

▲ 最初的飞人乔丹鞋改变了运动员与品牌之间的关系，助力其代言人成为身价超过20亿美元的富豪

杰基·罗宾逊

杰基·罗宾逊忍受着种族主义和歧视，成为现代美国职业棒球大联盟中第一位黑人运动员

作者：马克·伍兹

1947年4月15日，杰克·罗斯福·罗宾逊（Jack Roosevelt Robinson）作为布鲁克林道奇队（Brooklyn Dodgers）一员踏上球场，成为现代第一位为美国职业棒球大联盟球队效力的非洲裔美国运动员。在此之前，职业棒球和美国生活的许多方面一样，都是种族隔离的。对于黑人球员来说，能进入黑人运动员联盟已是最大的成就。

当道奇队总经理兼总裁布兰奇·里基（Branch Rickey）发现了罗宾逊的天赋时，情况发生了变化。里基对黑人运动员联盟进行了考察，最终选定了罗宾逊，并于1945年与他接触。当年秋天，道奇队宣布罗宾逊被分配到小联盟附属球队蒙特利尔皇家队。在签署这份每月600美元的合同之前，双方进行了长时间的交流。

罗宾逊与历史的相遇经历了一段曲折的道路。他于1919年1月31日出生于佐治亚州开罗，是玛莉·麦格里夫（Mallie McGriff）和杰瑞·罗宾逊（Jerry Robinson）的第五个孩子。

打破美国职业棒球大联盟肤色障碍的杰基·罗宾逊在1954年赛季中

▲ 杰基·罗宾逊矫健地滑入了本垒,为布鲁克林道奇队得了一分。他的跑垒技巧众所周知

1920年,杰瑞抛妻弃子。玛莉带着孩子搬到了加利福尼亚州的帕萨迪纳,在那里做各种杂活。在约翰·缪尔高中和帕萨迪纳初级学院,罗宾逊在棒球、篮球、橄榄球和田径方面表现出色。他在发言反对监禁一位黑人大学同学后遭到逮捕,而这只是他一生致力于推动种族平等的开始。

在短期大学毕业后,罗宾逊进入加利福尼亚大学洛杉矶分校学习,成为该校历史上第一位在四个运动项目中获奖的运动员。他的哥哥马修是一名短跑运动员,曾在1936年奥运会上获得200米短跑银牌,仅次于杰西·欧文斯。在洛杉矶分校就读期间,罗宾逊遇到了护理系学生雷切尔·伊萨姆(Rachel Isum)。他们于1943年订婚,但由于罗宾逊搬到夏威夷打职业橄榄球、"二战"期间服兵役,以及到各处进行棒球巡回赛,两人的关系逐渐紧张。尽管如此,他们还是于1946年2月10日结婚,并育有三个孩子。

在美国军队服役期间,罗宾逊担任少尉。战后,他在得克萨斯州奥斯汀的萨姆休斯敦学院担任篮球教练,并受邀为堪萨斯城君主棒球队效力。他以每月400美元的价格签约,并在随后的赛季中打出了0.387的打击率、5支本垒打和

13次盗垒。

在道奇队，罗宾逊展现了非凡的运动才能。然而，他所遭遇的歧视和敌意却是残酷无情的。尤其是对手费城费城人队的态度更加令人难以忍受。费城人队的经理本·查普曼（Ben Chapman）在球场边喊出种族歧视的言论，令人痛心。球员们威胁说，如果罗宾逊出场，他们将会罢工。道奇队的经理利奥·杜罗彻（Leo Durocher）愤怒地说道："我不在乎这个人是何种肤色，哪怕是身上有斑马一样的条纹。我是这支球队的经理，我说他上场就上场。"

罗宾逊记得费城人队的李·"吉普"·汉德利（Lee 'Jeep' Handley）是第一个向他表示祝福的对手球员。他还记着他的队友皮维·里斯（Pee Wee Reese），在辛辛那提时，当一名球迷对罗宾逊进行辱骂时，里斯搂住了他的肩膀。

杰基·罗宾逊在道奇队度过了他的职业生涯，直到1956年球季结束。他大部分时间担任二垒手，击球率达到0.311，击出了734分打点。他六次入选全明星阵容，于1949年荣获全美联盟最有价值球员和打击王奖，并两次成为盗垒王。在他的职业生涯中，道奇队赢得了1955年的世界大赛冠军，并六次获得全美联盟冠军。1962年，他入选棒球名人堂。

罗宾逊在1957年球季前退役。他于1972年10月24日在康涅狄格州斯坦福德因心脏病和糖尿病去世。

民权卫士

从为黑人同学辩护到在军队的公共汽车上表明立场，杰基·罗宾逊意识到种族分裂的美国存在着不平等。踏入美国职业棒球大联盟这个残酷的世界是他希望看到公平待遇的愿望的延续。1949年，在罗宾逊运动生涯最辉煌的时候，他在众议院非美活动委员会就种族主义问题作证。多年来，他一直是全美有色人种协进会的董事会成员，1957年，罗宾逊主持了该组织的自由基金活动，在董事会任职长达十年之久。

罗宾逊曾经告诉亨利·亚伦（Henry Aaron）他曾为黑人棒球巨星开辟了一条大联盟的道路："棒球比赛固然伟大，但最伟大的是你在职业生涯结束后的所作所为。"作为巧克力全坚果咖啡公司的人事副总裁，他打破了另一个肤色障碍，成为第一位在美国大公司担任如此高级职务的非洲裔美国人。

1970年，罗宾逊创办了一家建筑公司，主要为低收入家庭建造经济适用房。他还坚持不懈地为黑人经理人在大联盟中争取机会。

▲ 塞雷娜·威廉姆斯赢得过七次温网冠军，最后一次是在 2016 年

塞雷娜·威廉姆斯

塞雷娜·威廉姆斯彻底改变了女子网球，成为现代最伟大的女选手之一，也是体育史上的传奇人物

作者：托辛·奥莫沃莱、丹·皮尔

塞雷娜·威廉姆斯（Serena William）以23个大满贯冠军、6个美国公开赛冠军、7个温网冠军、7个澳网冠军、3个法网冠军、4枚奥运金牌、23个双打冠军和职业生涯的金满贯，堪称无与伦比，而且她可能继续绽放光芒。

塞雷娜于1981年9月26日出生于密歇根州萨吉诺市，父亲是理查德·威廉姆斯（Richard Williams），母亲是奥拉肯·普莱斯（Oracene Price），塞雷娜是五个女孩中最小的一个。她在洛杉矶郊区的康普顿长大，父亲在那里经营一家私人保安公司。正是在这里，年仅4岁的她就开始了对网球的热爱，与姐姐维纳斯一起练习网球。两个女孩都是由父亲训练出来的。不久后，她们一家从洛杉矶来到佛罗里达州的棕榈滩，在那里，她们开始进入里克·马奇（Rick Macci）的网球学校学习，也开始展现出天赋。

塞雷娜在1995年开始了她的职业生涯，当时她只有14岁，尽管她的父母希望她等到16岁再开始。职业生涯的最初几年不乏失望和挑战，但尽管年纪尚幼，塞雷娜还是成功地战胜了像玛丽·皮尔斯（Mary Pierce）和莫妮卡·塞莱斯（Monica Seles）这样排名前十的选手，同时也利用这段时间不断提升自己的球技。

1998年，塞雷娜首次参加网球大满贯赛事，在澳网的首轮比赛中击败了罗马尼亚的伊琳娜·斯皮尔莱亚（Irina Spirlea），然后在接下来的比赛中输给了姐姐维纳斯，这是威廉姆斯姐妹首次在职业比赛中对决。

第二年，塞雷娜在美网决赛中击败世界排名第一的玛蒂娜·辛吉斯（Martina Hingis），赢得了她的第一个大满贯单打冠军，成为第二位赢得大满贯单打比赛的非洲裔美国女性。她还与维纳斯在同一赛事中夺得双打冠军，这也是她们继年初在法网夺冠后，在1999年夺得的第二个冠军。2000年，威廉姆斯姐妹在悉尼奥运会上再次夺冠，这也是塞雷娜职业生涯中获得的四枚奥运金牌中的第一枚。

在2001年至2003年，威廉姆斯姐妹在六次大满贯决赛中相遇，塞雷娜赢得了其中的五次，其中包括她在2002年获得的首个温网冠军。这一时期对于塞雷娜的职业生涯来说具有决定性意义，因为她取代了姐姐成为世界第一，成为第三位拥有这一排名的非洲裔美国人。在

姐妹之间的竞争

威廉姆斯姐妹在球场上形成了势如破竹的双打搭档,在场外也建立了特殊的情谊,而在整个职业生涯中,她们在单打比赛中的竞争也十分激烈。

自1998年以来,两姐妹已经在31次比赛中相遇,塞雷娜赢了19次,维纳斯赢了12次。然而,在早期,姐姐占据上风。维纳斯在1998年澳网第二轮赢得了她们的首次职业对决,并在接下来的两次大满贯比赛中再次战胜了塞雷娜,分别是2000年温网的半决赛和次年美网的决赛。

到2001年底,维纳斯在两人的六场比赛中取得了五场胜利;然而,她的主导地位并未持续下去。塞雷娜随后连续获胜,赢得了接下来的六场比赛,其中包括五次大满贯决赛的胜利——两次温网冠军、一次美网冠军、一次法网冠军和一次澳网冠军。

塞雷娜在与姐姐的大满贯对决中取得11胜5负的战绩,而在大满贯决赛中,她以7胜2负的成绩领先于维纳斯。

两姐妹都曾跻身世界第一的宝座,塞雷娜共计排名316周,维纳斯则有11周的世界第一头衔。尽管她们在球场上对决激烈,但姐妹俩在批评和歧视面前始终关系亲密,互相支持。

▲ 2005年美网,维纳斯·威廉姆斯在第16轮战胜妹妹塞雷娜后的场景

2003年赢得澳网冠军后,她成为第六位完成职业生涯大满贯的女性,并成为第五位同时拥有四个大满贯冠军头衔的女性,这一壮举被称为"塞雷娜大满贯"。她在2015年再次实现了这一成就。

2004年,她在温网决赛中输给了玛丽亚·莎拉波娃(Maria Sharapova),自2001年以来首次未能赢得大满贯单打比赛的冠军。这使人们开始认为她在女子网坛的地位日渐式微。次年,她在澳网反败为胜,并于2007年再次夺冠,结束了职业生涯中最具挑战性的一段时期。

从2008年到她最后一次夺得大满贯冠军——2017年在澳网战胜她的姐姐,塞雷娜在大满贯单打比赛中增加了惊人的15个冠军头衔,使她的大满贯单打冠军总数达到23个,仅次于澳大利亚的玛格丽特·考特(Margaret Court)的24个冠军。令人惊讶的是,当时她是在怀孕大约两个月时赢得了这第23个冠军的。

塞雷娜发誓在产假结束后重返赛场,尽管她在2018年赢得了重返赛场后的首场比赛,但她仍未打破考特的纪录。她在2018年和2019年的温网和美网决赛中都屈居亚军。尽管如此,她在2020年赢得了新西兰奥克兰公开赛的单打冠军,这是她自产假归来后的首个单打冠军。

塞雷娜·威廉姆斯被视为网球历史上的伟大人物之一,她与姐姐一起重新定义了女子网球比赛,展现了前所未有的身体素质和掌控力。

从2008年到2017年的最后一次大满贯,塞雷娜赢得了令人难以置信的15个大满贯冠军。

▲ 博尔特被广泛认为是有史以来最伟大的短跑运动员,他在 100 米、200 米和 4×100 米接力赛上保持着世界纪录

尤塞恩·博尔特

尤塞恩·博尔特的惊人速度使他成为史上最伟大的运动员之一，他也是世界上跑得最快的人

作者：瑞基·莱利

大多数专家认为，尤塞恩·博尔特是田径史上最伟大的短跑运动员。但他并非一直都想成为田径明星。在年幼时，他曾有踢足球的志向。

博尔特是牙买加特里劳尼两位杂货商的儿子。他于1986年8月21日出生，成长过程中梦想着为欧洲豪门球队效力，如皇家马德里或曼联。尽管他对足球充满热情，但最终被说服专注于田径运动。

这个决定乍一看似乎有些苛刻，但博尔特渐渐看到了希望。这位年轻的短跑运动员是一个天才。15岁时，博尔特在牙买加的世界青年锦标赛上赢得了200米的金牌。16岁时，他以20秒13的成绩打破了19岁以下组的200米纪录。17岁时，他以惊人的19秒93的破纪录成绩成为首位在200米比赛中跑进20秒的青少年选手。然而，博尔特的胜利纪录因为在2004年

▲ 博尔特在 2008 年北京奥运会上以 19 秒 30 的成绩打破了 200 米世界纪录后的场景

雅典奥运会上遭受的脚部伤势戛然而止。

这次受伤并没有让博尔特的职业生涯停滞不前，但确实拖慢了他的脚步。然而，在他的职业生涯中，挫折被证明是一件好事。博尔特更加专注于训练，重新投入训练的努力也得到了回报。他坚持不懈的努力使他在 2007 年世界锦标赛上获得银牌。一年后，博尔特在纽约击败了百米世界冠军泰森·盖伊（Tyson Gay），并创造了 9.72 秒的新百米纪录。

处于职业生涯巅峰的博尔特成了全球瞩目的现象，并将他最出色的表现留给了最重要的舞台——2008 年、2012 年和 2016 年的奥运会。博尔特完成了前所未有的"三连冠"，在连续三届奥运会上获得了 100 米、200 米和 4×100 米接力赛的共九枚金牌。

除了在奥运会上的成功，他还赢得了 11 次世界锦标赛冠军，并且至今仍保持着 100 米 9.58 秒和 200 米 19.19 秒的世界纪录，这两项纪录均是他在 2009 年柏林世界田径锦标赛上创造的。

每次博尔特踏上赛道，都让他作为当代传奇跑者的地位再坚固一分。他不仅是一位令人难以置信的运动员，还是一个以风格和个性著称的人物。他远远甩开对手冲过终点线时做出的"嘘"

的手势和"闪电"的庆祝动作都是他的标志性动作，在全世界都广为人知。

在2017年的伦敦世界田径锦标赛上，他在4×100米接力赛的决赛中因腿筋受伤而被迫退出比赛，这次比赛成了他的绝唱。在队友的帮助下，他最后一次冲过终点线，然后宣布从这项运动中退役。回顾他的职业生涯，博尔特将自己的成功归功于他的牺牲和努力。

"我知道这一刻迟早会到来，"他以典型的风格结尾，"此刻我百感交集。我无法用言语来描述我的三次三连冠。我会怀念这项运动，也会怀念奥运会，因为对于任何一位运动员来说，这都是最重要的赛事。但我已经证明了自己是这项运动中最伟大的人，对我来说，任务已经完成了。"

博尔特的职业生涯充满了更多的成功而非挫折。他一直是冠军，但在2016年奥运会之后，他知道自己的时代即将结束。尽管他的世界纪录会在未来被打破，但他是田径史上最重要的人物之一。

虽然你可以做白日梦，但目标实现总要有代价的，代价就是时间、努力、牺牲和汗水。

一次令人难忘的兴奋剂丑闻

尤塞恩·博尔特几乎完美的职业生涯上唯一的瑕疵并非他的过错，但对他来说代价却十分高昂。那是在2008年北京奥运会期间，涉及他队友内斯塔·卡特（Nesta Carter）的兴奋剂事件。近九年后的2017年1月，国际奥委会做出了决定——由于卡特的违规行为，博尔特在2008年4×100米接力比赛中获得的金牌被取消。卡特被发现体内含有兴奋剂甲基己胺，这一点在2016年的调查中得到了证实。

由于卡特的兴奋剂问题，牙买加队付出了惨痛的代价。博尔特、卡特、阿萨法·鲍威尔（Asafa Powell）和迈克尔·弗雷特（Michael Frater）都被迫归还金牌。对于博尔特来说，这意味着他的奥运金牌数量从九枚减少到八枚，他创造的历史性"三连冠"也不再存在。

尤塞恩·博尔特对这次失利感到心碎，并继续对各种兴奋剂进行谴责，尽管他在丑闻中是清白的。在他最后一场比赛后的新闻发布会上，他表示，这项运动不容许非法使用提高成绩的药物。"我一直对兴奋剂问题持强硬态度，"他说道，"我认为运动员应该受到终身禁赛。如果你为了成为更好的运动员而不择手段地作弊，我认为你应该受到终身禁赛的惩罚，这是不争的事实。"

泰格·伍兹

泰格·伍兹（Tiger Woods）开创了令人惊叹的职业生涯，成为赢得美国大师赛的最年轻选手和第一位非洲裔美国人

作者：贝娜·纳迪姆

1975年12月，非洲裔美国人厄尔·伍兹（Earl Woods）和他的泰国妻子库尔提达迎来了他们的孩子埃尔德里克·通·伍兹（Eldrick Tont Woods）。"通"是一个传统的泰国名字，而绰号"老虎"（Tiger）则是为了纪念厄尔的战友。

伍兹是在一次偶然的机会中接触到高尔夫球的。一天早上，退伍军人父亲厄尔正在向球网击球，就在这时，11个月大的伍兹从他的高脚椅上爬了下来，抓起一根塑料球杆，完美地完成了高尔夫挥杆动作。年仅两岁的伍兹被认定为高尔夫神童，吸引了电视界的关注。他九个洞的成绩都在50杆以下，就连传奇人物杰克·尼克劳斯（Jack Nicklaus）9岁前也没能做到这一点。

伍兹11岁时击败了他的父亲，一位单一数字差点球手[1]。从那时起，伍兹每次都获胜。在厄尔的陪伴下，伍兹赢得了六次青少年世界高尔夫锦标赛冠军。对一个害羞且口吃的孩子来说，这已经很不错了。成年后，伍兹给一位同样患有口吃的十几岁男孩写信，安慰他："我知道与众不同的感觉，有时也会不合群……我小时候

1　差点是根据球手的技术水平和比赛表现来计算的，代表了球手相对于标准杆的预期得分。单一数字差点球手是指在大部分比赛中，他的差点都在0到9之间。

2019年4月,泰格·伍兹在奥古斯塔的美国大师赛复出并夺冠

也口吃，我会和我的狗说话，它会坐在那里听到睡着。"

1994年，19岁的伍兹在赢得美国业余锦标赛后，在高尔夫的发源地——圣安德鲁斯首次参加了英国公开赛。这次经历改变了他的一生。两年后，他在公开赛上获得了业余组银牌。1994—1996年，伍兹连续三次夺得美国业余锦标赛冠军。

1996年，年仅20岁的伍兹成为职业高尔夫球手。他继续给高尔夫界带来震撼。在1997年的美国大师赛上，年仅21岁的他以创纪录的12杆成绩赢得了他的第一个大满贯赛冠军。令人惊讶的是，两个月后，他就成为世界排名第一的球手，是达到这一成就的最年轻球员和首位非洲裔美国人。

从1999年到2010年，伍兹赢得了高尔夫球13个重要锦标赛的冠军，其中包括2008年的美国公开赛，尽管他当时腿部骨折，但仍然取得了胜利。他超越杰克·尼克劳斯（Jack Nicklaus）的18个大满贯赛冠军的纪录似乎只是时间的问题。

2009年11月27日凌晨，正值感恩节期间，伍兹在离家仅几步之遥的地方，被当时的妻子伊琳·诺德格伦（Elin Nordegren）追赶出家门后，他的车撞上了消防栓和树。此前，伊琳发现他出轨了。随后，更多的女性站出来证实了伍兹的花心行为。一直以来保持低调的伍兹，名字现在被印在每一份报纸的头版头条上，他成了体育界丑闻的中心人物。

伍兹退出了职业高尔夫比赛。曾经帮助他成为体育界首位亿万富翁的赞助合约逐渐消失，随后在2010年妻子与他离婚，他失去了一切。伍兹发布了一份声明，对自己的行为表示道歉，并入住戒瘾诊所接受治疗。

仅仅两个月后，伍兹就在美国大师赛上重返赛场，并取得了第四名的优异成绩。到了2012年，他又开始赢得比赛，尽管他没有在大满贯赛上再添佳绩。在此期间，他的职业生涯受到背部问题的困扰。2017年第四次背部手术后，伍兹在凌晨2点被发现在车轮前睡着了，此前服食了大量止痛药和镇静剂。因此，他被控危险驾驶罪。

伍兹在2019年美国大师赛中复出。在他之前赢得的所有大满贯赛中，泰格都是三轮过后领先。而这一次，他在最后一轮开始时落后领先者两杆。在这个充满戏剧性的日子里，伍兹凭借他的坚定决心和精湛球技迎来了胜利。满面笑容的伍兹穿上了他的第五件绿夹克，跑过去拥抱他的孩子们，然后离开了。

伍兹对球技的执着追求一直非同一般，他是

▲ 在1993年的洛杉矶公开赛上，伍兹在加利福尼亚州里维埃拉乡村俱乐部完成了一次短距离挥杆

将现代职业高尔夫球手培养成精益求精的运动员的先锋。他以强大的力量而著称，但他也是一位极其精明的战略家；他曾经以不用木杆从发球台上击球的方式打完英国公开赛的一整轮。然而，也许他的推杆技术才是将他确立为现代最出色球员的关键。在伍兹的全盛时期，他在果岭上的表现简直无人能及，他钢铁般的意志只能由无上的自信所铸就。作为一名黑人，伍兹在白人占主导地位的赛场上叱咤风云，这种坚定的自信心真正鼓舞了一代黑人，其影响远远超出了高尔夫运动本身。

黑人高尔夫先驱

查理·斯福德（Charlie Sifford）出生于1922年，13岁时就当上了全职球童，把工资交给母亲买食物。17岁时，他在北卡罗来纳州的一家俱乐部里成为比白人会员更出色的高尔夫球手，并被要求离开。在职业高尔夫球员协会取消"白人会员制"的时候，他进入了大联盟。

1948年，黑人高尔夫球手比尔·斯皮勒（Bill Spiller）和泰迪·罗兹（Teddy Rhodes）在洛杉矶公开赛上取得了足够好的成绩，使他们有资格自动进入美国大师赛，但官方人员却阻止了他们。他们的职业生涯没有得到发展。到了1967年，斯福德成为第一个赢得职业高尔夫球员协会赛事的黑人，两年后他又赢得了洛杉矶公开赛。与罗兹和斯皮勒一样，他本应获得美国大师赛的参赛资格，但他也被禁止参赛。不过，他确实为未来的黑人高尔夫球手，包括李·埃尔德（Lee Elder）在内，铺平了道路。埃尔德于1934年出生，是十个兄弟姐妹中的一个，12岁时父母双亡。1975年，也就是泰格·伍兹出生的那一年，埃尔德成为第一位参加美国大师赛的黑人。他收到了仇恨邮件，赛前大部分时间都在躲藏，但他后来成为泰格·伍兹之前最成功的美巡赛黑人冠军。

▲ 李·埃尔德成为第一位参加美国大师赛的非洲裔美国高尔夫球手

贝利在为巴西队效力时成为国际偶像，后来在 1995 年至 1998 年担任巴西的体育部长

贝利

贝利被许多人视为史上最伟大的足球运动员，他凭借令人难以置信的能力和对足球的热爱，将自己的球艺提升到了一个新的高度

作者：瑞基·莱利、查尔斯·金杰

在贝利以他现在的传奇名字闻名世界之前，他的名字是埃德松·阿兰特斯·多·纳西门托（Édson Arantes do Nascimento），于1940年10月23日出生在巴西的特雷斯科拉索斯。他是若昂·拉莫斯（João Ramos）和多娜·塞莱斯特（Dona Celeste）的长子。

他的父亲是一位苦苦挣扎的足球运动员，梦想着取得巨大成功，但却始终未能实现。埃德松和他的家人在贫困中长大，这位未来之星用一只塞满报纸的袜子做球，以满足对足球的渴望。

年幼的埃德松经常跟随父亲去瓦斯科·德·圣卢伦科的训练场，他总是在球门里玩耍，试图模仿父亲的前队友比利。他幼小的舌头将比利的名字念为"贝利"，很快这个名字就成了他的绰号。后来，当他的家人搬到东南部的包鲁时，一位同学开始叫他"贝利"，可能是在嘲笑他的口音。这个名字一直沿用至今，但当时没有人能预见到它会变得如此著名。

贝利的崛起始于1956年，当时他在桑托斯足球俱乐部试训成功。俱乐部对这位在室内足球比赛中磨练出精湛球技的年轻人印象深刻，并于当年6月与他签订了职业合同。年仅15岁的贝利在首场比赛中就以7-1的比分为球队赢得了胜利，并在比赛中攻入了个人职业生涯的第一个

进球。后来他表现越来越好，在接下来的一个赛季中，年仅16岁的贝利成为联赛最佳射手。他出色的表现为他赢得了巴西国家队的征召。贝利在巴西国家队的首秀中攻入一球，成为巴西队史上最年轻的进球球员。

贝利在俱乐部和国家队的出色表现使他入选巴西队，参加即将在瑞典举行的1958年世界杯。在锦标赛中，他和队友们展现出了不可阻挡的实力，小组赛阶段以3-0击败奥地利队、2-0击败苏联队，随后在四分之一决赛中淘汰了威尔士队——贝利打入了唯一进球，最终以1-0获胜。半决赛中，贝利上演了一场帽子戏法，于是法国队遭遇了5比2的惨败。

此刻，只有瑞典队阻挡着巴西队夺取他们历史上首个世界杯冠军。贝利的两个进球帮助巴西队以5-2的比分取得了胜利，最终赢得了冠军。四年后的世界杯却让贝利感到沮丧，他在巴西的第二场比赛中受伤，导致他无法参加余下的比赛。

贝利的名字已经响彻全球，他开始吸引包括皇家马德里和曼联在内的欧洲各大俱乐部的注意。但由于他在巴西国内极受欢迎，巴西政府不惜花费重金，正式宣布贝利为国宝级球员，并禁止他转到外国俱乐部。桑托斯俱乐部是主要受益者，贝利在该俱乐部一直效力到1974年，出场496次，打进504球。

贝利在国内表现出色，帮助桑托斯赢得了25个冠军头衔，但他最辉煌的时刻还是在1970年夏天。作为史上最佳国家队的重要一员，他帮助巴西队横扫所有对手，第三次夺得世界杯冠军。在墨西哥城举行的决赛中，贝利打入首球并助攻两球，巴西队以4-1击败意大利队。这是他最后一次身穿那著名的黄蓝战袍参加重大赛事。

1975年，贝利在短暂退役后加入了纽约宇宙队。他一直留在纽约直到1977年，帮助他的第二支球队获得了大西洋联赛冠军。贝利总计为宇宙队出场64次，打进37球。

1977年，当贝利踢完最后一场比赛时，他拥有了足球界最伟大的进球纪录：在1363场比赛（包括友谊赛）中打入了1279个进球。1999年，国际足联将他的杰出成就与阿根廷的迭戈·马拉多纳（Diego Maradona）并列，授予他们"世纪最佳球员"称号。然而，在每个巴西人的心中，这位"黑珍珠"高居一切之上。

塑造贝利偶像形象的世界杯

贝利的传奇地位在1970年的墨西哥世界杯上得到了巩固,巴西队在这届比赛中打进了19个进球,其中贝利贡献了4个进球。

巴西队的征程始于6月3日,对阵捷克斯洛伐克队,现场观众达到了50560人。巴西队从一开始就占据了主导地位,最终以4-1的比分获胜。第二轮比赛对阵英格兰队更加艰难,巴西队以1-0险胜,这场比赛因为戈登·班克斯(Gordon Banks)令人惊叹的扑救,将贝利的头球从看似注定要进球的路线上挡出,成为人们铭记的一刻。随后,巴西队以3-2的比分战胜了罗马尼亚队,顺利结束了小组赛。

巴西队在四分之一决赛中对阵南美同胞秘鲁队。里维利诺、托斯唐和雅伊尔津霍的进球确保了4-2的胜利。在半决赛中,巴西队在51000名观众面前以3-1击败乌拉圭队,再创辉煌。巴西队进入了决赛,但等待他们的是强大的意大利队。

在6月21日,炎热的墨西哥阳光下,许多人预测这会是一场胶着的比赛,但实际上完全不是这样。在10.7万名观众的见证下,贝利在第19分钟用一记优雅的头球打破了僵局,虽然意大利在第37分钟扳平比分,但巴西并没有被击败。格尔松随后再次帮助巴西队领先,而贝利则两次助攻,为卡洛斯·阿尔贝托(Carlos Alberto)完成了足球历史上最伟大的进球之一。

▲ 1970年世界杯是第一次进行彩色画面现场直播的世界杯足球赛

科学和教育

119 布克·华盛顿

123 凯瑟琳·约翰逊

127 玛丽·西科尔

133 查尔斯·德鲁

136 乔治·华盛顿·卡弗

141 C.J. 沃克女士

144 刘易斯·拉蒂默

布克·华盛顿创办了塔斯基吉学院,旨在培养更多的黑人教师。如今,该学院已发展成为塔斯基吉大学

布克·华盛顿

布克·华盛顿在黑人解放后提出的推动黑人进步的理念复杂、有争议，这使得他既有崇拜者，也有敌人

作者：阿里莎·卢姆巴

1856年，布克·塔利亚费罗·华盛顿（Booker Taliaferro Washington）在弗吉尼亚州的一个小农场出生，生来便是奴隶。他的父亲是一个白人，母亲是一位被奴役的厨娘，相比许多同样境遇的人来说，他的生活要好一些。在9岁的布克和他的家人听到《解放黑人奴隶宣言》后，他立即被迫开始工作，在盐矿中为家人谋生。艰苦的生活并没有随着自由的到来而结束，这是布克的家人不得不迅速面对的现实。

16岁时，矿主刘易斯·拉夫纳（Lewis Ruffner）将军的妻子教布克学会了读写。他身无分文，徒步前往位于弗吉尼亚州的汉普顿师范和农业学院。为了谋生，他做了一名清洁工。

布克的哲学思想主要受到诸如鲁夫纳和塞缪尔·查普曼·阿姆斯特朗（Samuel Chapman Armstrong）的富有白人的影响，他们两人对这个年轻男孩非常感兴趣。阿姆斯特朗宣扬被压迫的种族可以通过一种结合实用、功利技能和良好品格、道德培训的教育体系来实现进步。布克深受其影响，努力说服白人美国人，黑人并非"天生愚笨"，而是有责任感、忠诚的公民。

随着命运的转折，1880年，阿拉巴马州议

▲ 橡树园是布克·华盛顿在塔斯基吉种植园里的大房子,他与家人一同居住,并在这里度过了最后的时光

会为黑人学校设立了经费。塔斯基吉师范学校应运而生,旨在培养黑人教师。阿姆斯特朗被要求推荐一位白人校长,但他却推荐了年仅25岁的布克。布克接管了这所旨在提升黑人社会地位的新学校。对布克来说,塔斯基吉是一所"围绕社会问题建立的学校",即尽管黑人已经获得自由,但他们的社会地位仍然停滞不前。他以此为理念来管理学校。塔斯基吉将培养学生成为从事相关农业职业的教师,并过上美好的生活,他们将回到自己的社区建立自己的学校,产生多重影响。塔斯基吉按照严格的时间表运行,培养学生优秀的品格。

布克刚到学校时,那里没有土地、楼房、教室或宿舍。慢慢地,他开始通过贷款和筹款的方式筹集资金,购买了一片种植园并招募学生。这些学生亲自从零开始建造学校,他们自己烧制砖块建造窑炉。

到了1888年,塔斯基吉学院已经发展到了黑人聚居区的农村贫民窟,占地540英亩[1],有400名学生从早上5点学习工作到晚上9点半。

为了获得资金和支持,继续建立学校,并传播他的理念和方法,布克·华盛顿通过撰写文章、演讲和摄影等方式,不知疲倦地与美国的精英政治家、慈善家和思想家建立起联系,无论他们是白人还是黑人。他向西尔斯和罗巴克等有权势的精英传达了一个信息,即他将培训黑人成为和平的公民,他展现出一个安全、合作的形象。这使他成为1901年与西奥多·罗斯福总统一起在白宫共进晚餐的第一个黑人,并获得了哈佛大学和

1　1英亩约为4046.86平方米。

▲ 在塔斯基吉大学校园内，有一座布克·华盛顿的雕像，名为《揭开无知的面纱》（Lifting the Veil of Ignorance）

亚特兰大演讲还是亚特兰大妥协？

布克·华盛顿作为一位发言人和思想家的职业生涯始于1895年他在亚特兰大博览会开幕式上的亮相，他提出了关于勤劳的"新黑人"的观点。在演讲中，他建议非洲裔美国人接受牺牲，不追求政治权力或即时的平等。相反，他们应该积累技能和财富，而不是参与激进的抗议活动。这种经济实力有朝一日可以支持并协商政治要求。许多人认为他是一位有远见的人。

然而，其他一些重要的黑人领袖，特别是像W.E.B.杜波依斯这样来自北方的领袖，对华盛顿的观点表示担忧。杜波依斯将华盛顿在亚特兰大的演讲称为"亚特兰大妥协"，并指责他是"伟大的妥协主义者"，因为他鼓励非洲裔美国人顺从白人体系对黑人消极的愿望，而不是起来反抗。黑人怎么可能通过安抚白人来获得自由呢？

几年前，华盛顿的家人向公众开放了他的私人文件档案，让这场辩论进一步复杂化。历史学家们发现，华盛顿一直在秘密资助支持黑人民权运动的经济诉讼。他并不像人们曾经认为的那样消极。

华盛顿是否一生都被美国白人利用、操纵，成为黑人的傀儡和代表？或者，他是在利用白人精英，善于针对不同的受众转换语气，巧妙地博得各方的喜爱？在这许多层面之下，他的真实动机可能永远被掩盖在秘密之中。

达特茅斯学院的荣誉学位，赢得了广泛的认可。事实上，对许多黑人来说，他是一个父亲般的形象，帮助他们在社区项目中发展，并为他们的孩子提供更好的机会。

在59岁的时候，热情洋溢的布克·华盛顿患上了动脉硬化，筋疲力尽、痛苦不堪。他在街上晕倒并被告知只剩几天可活，于是匆忙回到塔斯基吉，回到了他在校园里为自己和家人建造的大房子——橡树园。几个小时后，他离世了。他不仅留下了第三任妻子玛格丽特和孩子们，还留下了亲笔撰写的40部书稿，更不用说塔斯基吉大学了，这所学府至今仍然骄傲地屹立着。布克·华盛顿葬于他的学生们建造的砖墓中，墓地就在校园里的一座小山上。

▲ 1895年，华盛顿发表了他的《亚特兰大妥协》演讲

凯瑟琳·约翰逊

美国国家航空航天局的"人类计算机"凯瑟琳·约翰逊（Katherine Johnson）计算出了将第一批美国人送入太空的飞行路径。随后，她将他们带到了月球

作者：贝娜·纳迪姆

自从记事以来，凯瑟琳·科尔曼（Katherine Coleman）就喜欢数数。她数过一切，数过台阶，也数过西弗吉尼亚州白硫黄泉小镇上空靛蓝色天空中的星星。她出生于1918年，在一个黑人儿童必须在12岁前结束教育的县城，她从未想过自己长大以后会成为数学巨人，手算1969年阿波罗11号登月任务的轨迹、发射和着陆的数据。

凯瑟琳是四个孩子中最小的一个，渴望着上学。上学后，她敏锐的头脑使她轻松跳过了几个年级，很快超过了比她大3岁的哥哥查尔斯。在10岁时，她已经可以提前四年上高中了。

凯瑟琳的父母是教师乔伊莱特和伐木工人约书亚，他们在一所靠近凯瑟琳所上的非洲裔美国人高中的房子里租住。凯瑟琳在学校里表现出色，她对天空的热爱源于与校长一起回家的时候，校长会指出星座。到她15岁的时候，凯瑟琳赢得了一个学位奖学金，18岁时，她从西弗吉尼亚州立大学的黑人学院毕业，获得了数学和法语学位。在那里，她以敏捷的思维令教授们赞叹不已，其中包括威廉·克莱托（William Claytor）教授。克莱托是第一批获得数学博士学位的非洲裔美国人之一，他对她印象深刻，为她专门设计了一些课程，其中包括空间解析几何。

▲ 2015年，凯瑟琳获得总统自由勋章

▲ 美国国家航空航天局首位黑人女工程师玛丽·杰克逊（Mary Jackson）在兰利研究中心

　　大学毕业后，凯瑟琳的才华本应备受追捧。然而，作为一名黑人女性，当时她只能选择唯一的职业道路：教师。1939年，她嫁给了化学教师詹姆斯·戈布尔（James Goble）。就在婚后几个月，她受邀进入了此前只对白人学生开放的西弗吉尼亚州的新研究生院，成为该校第一位黑人女性研究生。然而，仅仅一个学期后，她发现自己怀孕了，于是选择回到教师岗位。

　　1952年，詹姆斯在海军船坞找到了一份油漆船只的工作，一年后，凯瑟琳在兰利纪念航空实验室获得了一份工作。该实验室是由美国国家航空咨询委员会建立的，该委员会是美国国家航空航天局的前身。当时，他们在寻找低薪的非洲裔美国女性来做"人类计算机"的工作，即在计算机不可靠的情况下从事困难而枯燥的计算工作。很快，凯瑟琳引起了注意，并被调至飞行研究部门，成为第一位能够参加编辑会议的女性。

　　1956年，詹姆斯因脑瘤去世，之后凯瑟琳与退伍军人詹姆斯·约翰逊（James Johnson）结婚。她与别人合作撰写了她的第一份报告，题为《确定卫星在选定地球位置上空的熄火方位角》。这份报告包含了发射、跟踪和返回太空飞行器所需的理论，堪称火箭科学。这也是她撰写的20多篇论文中的第一篇。

　　凯瑟琳计算出了精确的轨迹，使得阿波罗11号在1969年成功登陆月球，并在尼尔·阿姆斯特朗（Neil Armstrong）创造历史性的月球漫步之后安全返回地球。1962年，宇航员约翰·格伦（John Glenn）成为首位绕地球飞行的美国人。然而此前，格伦拒绝登上驾驶舱，直到被称为"那个女孩"的凯瑟琳手算出了与弹道、发射和着陆相关的极其困难的方程式。这给她带来了巨大的压力，因为任何差错都可能带来灾难性的后果。她向格伦点了点头，他便腾空而起。这次飞行完美无缺。

整整33年，她将自己的生命奉献给了美国国家航空航天局的飞行研究部门，后来又参与了太空计划，然而几乎没有人知道她的名字。她只是众多非洲裔美国女性中的一员，默默坐在大楼的西侧——她们接受过严格的教育，拥有卓越的能力，却鲜为人知。作家玛格特·李·谢特利（Margot Lee Shetterly）进行了关于凯瑟琳生平的研究，并撰写了一本书。这本书的研究成果后来成为电影《隐藏人物》（Hidden Figures）的灵感来源。她认为，考虑到黑人妇女在35岁之前死亡的可能性比完成高中学业的可能性还要大，凯瑟琳的成就尤其令人震惊。

事实上，凯瑟琳远远超出了这一预测，她一直活到了2020年2月24日，以101岁的高龄与世长辞。生前，她得以观看电影《隐藏人物》，并于2015年获得了总统自由奖章——这是美国平民所能获得的最高荣誉。最后，为了表彰她默默无闻工作的几十年，美国国家航空航天局开设了一个以她的名字命名的先进研究中心。也许更重要的是，作为一名天才数学家，凯瑟琳成为女性和少数族裔在20世纪的科学、技术、数学和计算机领域默默奉献的象征。

谁是隐藏的人物？

2016年，电影《隐藏人物》问世。该片改编自玛格特·李·谢特利的同名著作，讲述了三位真实的非洲裔美国女性的故事：凯瑟琳·约翰逊、多萝西·沃恩（Dorothy Vaughan）和玛丽·杰克逊，她们都是美国国家航空航天局人类计算机团队的成员。

沃恩和杰克逊参与了"友谊7号"的发射工作。但她们的座位被隔离在其他人的一边。1948年，沃恩成为那里第一位黑人主管。她一直渴望晋升，但从未得到过机会。

玛丽·杰克逊在美国国家航空航天局期间表现出色。她在数学和物理科学双学位毕业后，于1951年开始在兰利工作。在做了"人类计算机"几年后，她开始协助高级研究工程师卡齐米尔·查尔内茨基（Kazimierz Czarnecki），后者鼓励她成为一名工程师。为了实现这个目标，她不得不在工作之余参加研究生课程，并为争取与白人同事坐在一起的权利进行了斗争，最终获得胜利。1958年，杰克逊成为美国国家航空航天局第一位非洲裔美国女工程师。

▲ 美国国家航空航天局的"人类计算机"，包括多萝西·沃恩（左）、莱斯利·亨特（Leslie Hunter）和维维安·阿代尔（Vivian Adair），1950年

玛丽·西科尔

无畏的独行者和医护人员，与弗洛伦斯·南丁格尔（Florence Nightingale）不相上下的玛丽·西科尔（Mary Seacole），在全球范围内进行了挽救生命的工作，然而她的事迹却近乎被历史遗忘

作者：贝娜·纳迪姆

难以置信的是，19世纪最杰出的女性之一竟被历史遗忘了将近100年。玛丽·西科尔打破了维多利亚时代几乎所有的成见和偏见，成为英国第一位黑人女性自传作家。她拯救了数千人的生命，甚至骑马进入战区去救助受伤和垂危的士兵。她与弗洛伦斯·南丁格尔一样出名，受人尊敬，然而却在贫困中去世。她的声誉被人从历史书籍中抹去，不为后世所知。

玛丽·简·格兰特（Mary Jane Grant）1805年出生于牙买加，是一位牙买加医师和苏格兰中尉的私生女。玛丽的母亲经营着一家客栈，利用当地的草药和自然药物帮助毫无准备的英国士兵抵御热带疾病。玛丽的童年时光大部分都在跟随母亲学习治疗方法，同时也从经常住在客栈的军医那里学到了更多西方的治疗方法。

玛丽热衷于在自己的玩偶身上实践，不久之后，她开始在周围的猫狗身上实践。12岁时，她已经开始帮助母亲照顾生病的士兵了。

玛丽出生在奴隶制时期，父亲是白人，因此被认为是"自由人"，然而实际上她与同时代的白人相比几乎没有享有任何权利，无法像他们一样工作、旅行或投票。但她并不气馁，她不畏歧

西科尔的药物

霍乱爆发后，西科尔对霍乱的发病机制、流行病学和治疗方法进行了研究，甚至对一名婴儿的尸体进行了秘密解剖，以更好地了解这种可怕的疾病。她的治疗方法是：用肉桂水补充流失的体液，并尽可能保持病房的清洁和良好通风，而这在中美洲那种密闭的闷热环境中并不容易。

当地居民开始依赖她。尽管她的一些疗法听起来很奇怪，但它们都有其合理的基础。她放弃了当时广泛使用的鸦片，而选择了芥末敷贴、催吐剂（用于引起呕吐）、以汞为成分的泻药，以及加入肉桂煮沸的水。她还使用石榴汁治疗腹泻。

西科尔使用的一些草药疗法是基于从非洲带来的奴隶所传授的知识，其中一些草药至今仍在使用。例如，芦荟膏可用于治疗冻伤和干燥的皮肤，而生姜则常用于治疗喉咙痛和缓解胃部不适。

▲ 西科尔拒绝使用任何鸦片，坚持使用更温和的药物，其中一些药物至今仍在使用

视，在奴隶制时期独自旅行。玛丽热爱旅行，在回到牙买加之前，她在英国待了三年，这三年里她一直在锤炼自己的创业精神。后来，她带着大量西印度腌菜回到伦敦销售。带着对探险的无限追求，她探索了加勒比海、巴哈马群岛、西班牙殖民地古巴，以及今天的海地共和国，并再次将香料和腌菜带回牙买加销售。

31岁时，玛丽与传闻和海军上将霍雷肖·纳尔逊（Horatio Nelson）有亲戚关系的埃德温·霍雷肖·汉密尔顿·西科尔（Edwin Horatio Hamilton Seacole）结婚。在她的自传中，她只用了九行文字来描述这段婚姻。这对夫妇搬到了牙买加的黑河，并开了一家商店，但灾难却接踵而至。几年内，商店倒闭了，她母亲的客栈被烧毁，她不仅失去了丈夫，还失去了母亲。尽管悲痛万分，但她发誓要将余生奉献给工作。

她拒绝了许多求婚者，全身心地投入到救助金斯敦霍乱患者的工作中。1851年，她再次踏上旅途，来到了中美洲，发现自己的技能再次有了用武之地。一场猛烈的霍乱疫情席卷了巴拿马，闷热的天气让情况变得更加糟糕。尽管玛丽自己也染上了这种疾病，但她还是利用母亲教给她的非洲和加勒比疗法治疗了数百名士兵。为了进一步了解这种疾病，她甚至对一名男孩进行了秘密尸检。

玛丽离开时引起了很大的轰动和关注，但没过多久她又回到了牙买加。这一次，黄热病肆虐全岛，玛丽希望能够伸出援手。黄热病最终夺走了约35000人的生命。玛丽成功地帮助治疗了许多士兵，军方要求她留下来。然而，玛丽并不是一个安于现状的女人。1853年，就在她50岁生日前夕，俄罗斯帝国和英国之间爆发了克里

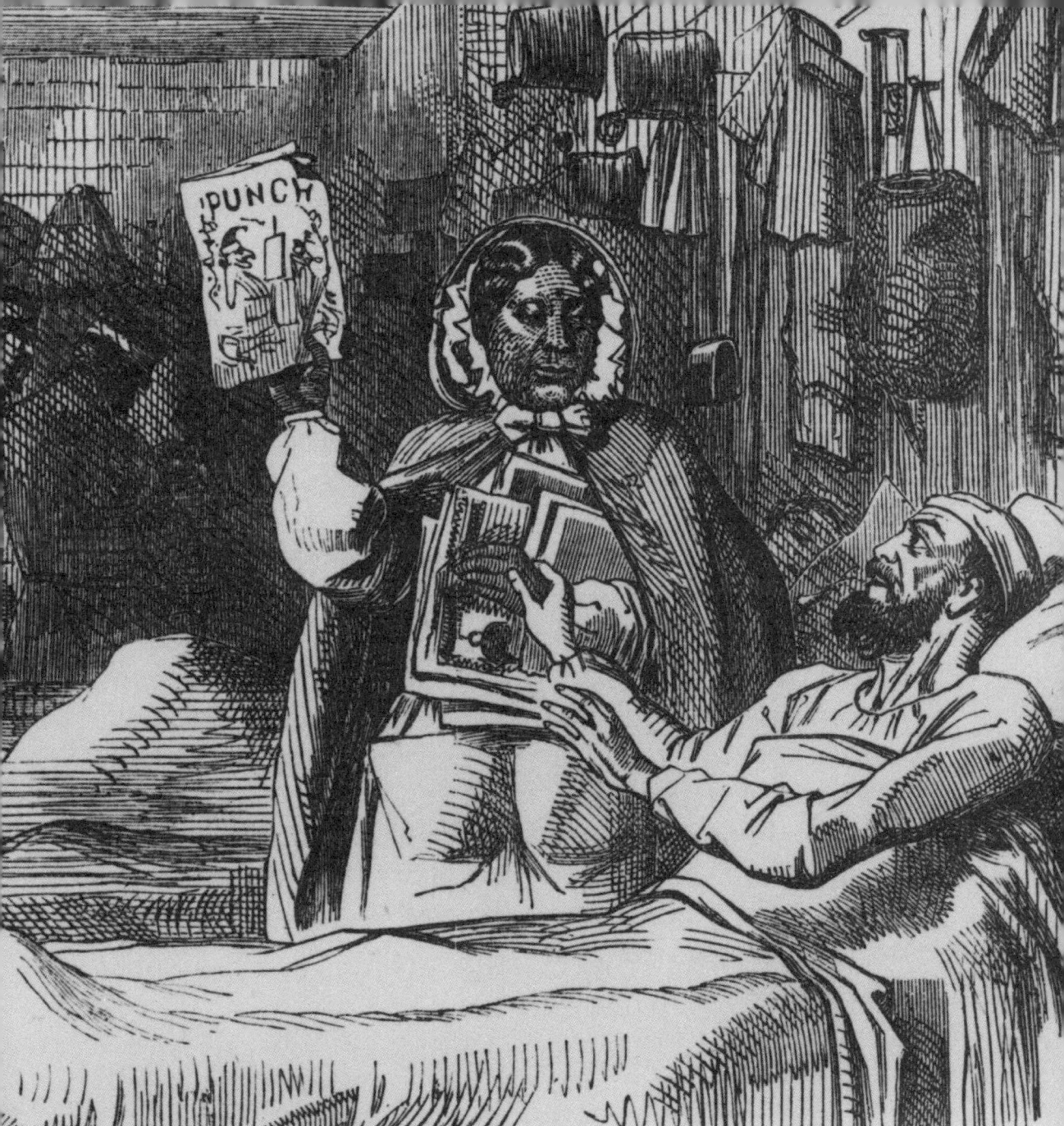

▲ 1857年,《笨拙》(Punch)杂志刊登了玛丽·西科尔护理受伤士兵的图片

米亚战争。玛丽认识很多来自牙买加的士兵,她听说那里的医疗条件很差,双方的士兵都被遗弃、遭受饥饿折磨,而且疾病缠身,她觉得自己有责任提供帮助。回到英国后,她先后向英国军队和弗洛伦斯·南丁格尔的护理团队主动提供服务。然而,每一个见到玛丽的人都拒绝了她。

玛丽依然意志坚定,她与亡夫的一位朋友合作,自己筹集资金。1855年,她乘坐运牛船"信天翁"号启程前往巴拉克拉瓦。她抵达时,目睹了令人震惊的情景,士兵们营养不良、肮脏不堪,其中许多人被遗弃在战场上,身上有着未经治疗的巨大伤口。

她利用从被摧毁的建筑物中抢救出来的金属板，开始建造一个避难所，这就是后来的英国旅馆。这个避难所位于通往主要英军营地的补给路线上，仅距离巴拉克拉瓦和塞瓦斯托波尔之间的前线一步之遥。为了给士兵提供治疗，玛丽骑着马进入战区的核心地带，炮弹在她周围飞来飞去。她就地进行手术，用雪利酒作为消毒剂，一边做手术一边躲避炮弹。她会再次奔赴战斗的中心地带，分发紧急配给的食物和药品，她所提供的照顾和同情远远超出了其他护士。她对士兵们无微不至的关怀和照顾为她赢得了"西科尔母亲"的美誉。

战争结束后，玛丽是最后一批离开的人。她将之前创业的利润用于资助医疗，回到英国时她一贫如洗。1857年，她撰写了畅销书《西科尔夫人在多地的奇妙冒险》(*The Wonderful Adventures of Mrs Seacole in Many Lands*)，这是英国首位黑人女性所写的自传。同年，为了向她表示敬意，在伦敦的萨里花园音乐厅举办了为期四天的庆祝活动和筹款盛会，吸引了包括维多利亚女王在内的约80000名观众，以及许多高级军事人员和士兵。然而，玛丽只获得了该活动筹款的一小部分。

玛丽在伦敦和牙买加继续担任"女医师"，安静地度过了余下的岁月。然而，在她1881年去世后，由于当时的白人偏见，她几乎被完全遗忘，名声和成就几乎被从历史书中抹去。

直到她去世一个世纪后的20世纪80年代中期，一群牙买加护士重新发现了她，并重新出版了她的书籍。现在，她不仅被认可为黑人历史的象征，还被视为坚韧不拔的女性旅行家、护理界的先驱、机智的作家。2004年，她在众多候选人中击败了伦诺克斯·刘易斯（Lennox Lewis）和雪莉·贝西（Shirley Bassey），被选为最伟大的英国黑人。经过多年的努力，2016年，人们在伦敦南岸的圣托马斯医院花园竖立了一座西科尔的雕像。

时至今日，玛丽·西科尔仍然是人们学习的榜样。她的故事是非凡的，她的成就前所未有，她将作为鼓舞人心、无畏无惧的现代女性而被人铭记。

2016年，玛丽·西科尔雕像在伦敦圣托马斯医院内揭幕

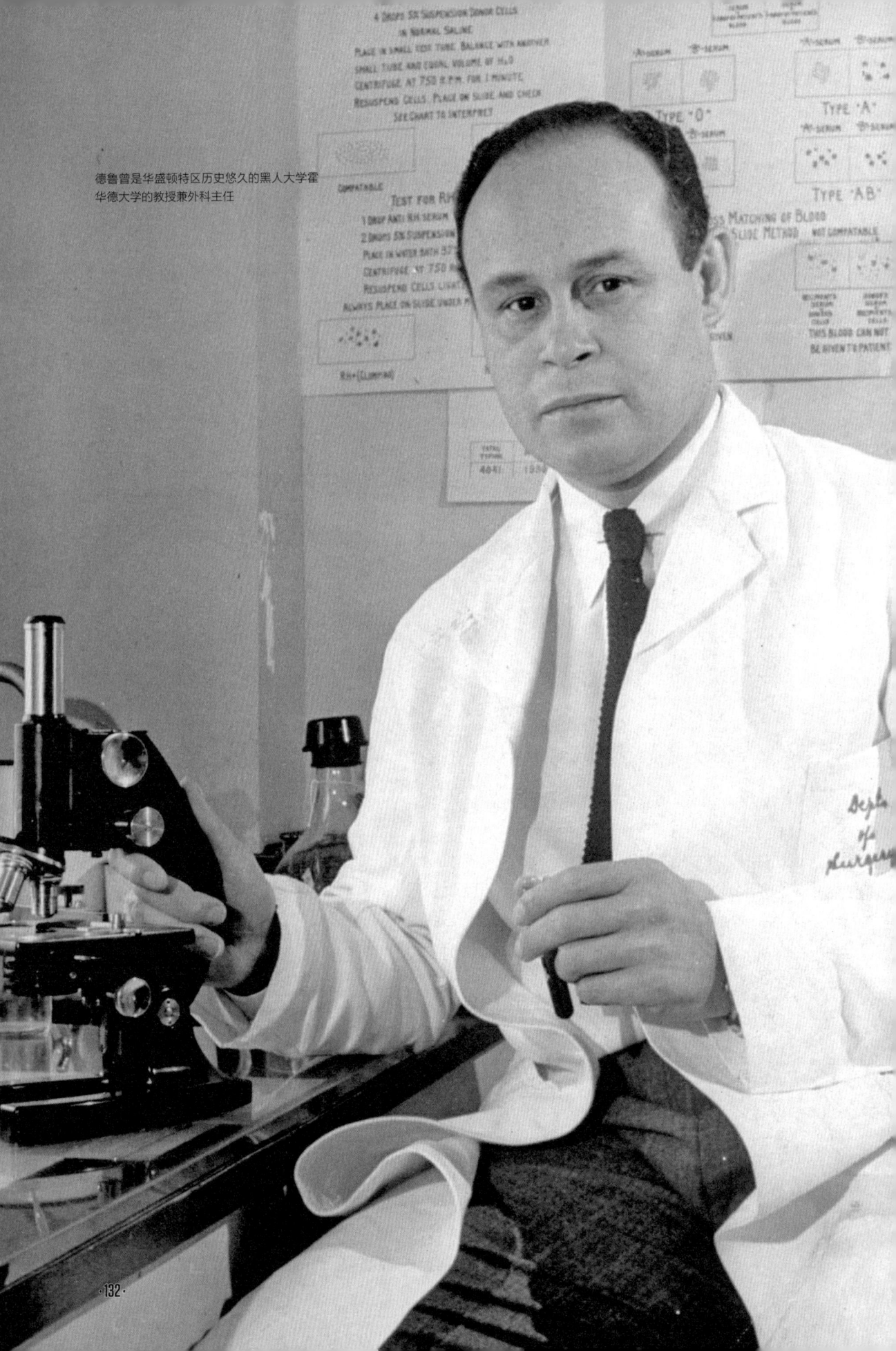

德鲁曾是华盛顿特区历史悠久的黑人大学霍华德大学的教授兼外科主任

查尔斯·德鲁

这位非洲裔美国运动员转行成为外科医生，他在输血和血液储存方面的开创性研究后来挽救了数百万人的生命

作者：贝娜·纳迪姆

查尔斯·德鲁（Charles Drew）在哥伦比亚大学攻读博士学位期间做出了一项卓越的发现，即与只能保存几天然后就会变质的血液不同，血浆可以长时间保存。血浆是血液中不含血细胞的液体部分，含有血浆蛋白和电解质等。在输血过程中，可以用血浆替代血液。这一突破性发现具有重大意义，推动了第一个大型血库的建立，挽救了无数生命。他成为第一位获得哥伦比亚大学医学博士学位的非洲裔美国人。

德鲁的发现非常及时。那是在1939年，"二战"爆发。到了1940年，英国迫切需要血液来拯救受伤士兵的生命，并请求美国的帮助。德鲁的发现改变了这一切。

德鲁被任命为纽约市"为不列颠献血"计划的成员。该计划旨在在伦敦大轰炸期间收集和运送供平民和军队使用的血液。由于采集血液的方式缺乏计划和连贯性，德鲁建立了用于分离血浆并将其装瓶的系统，至少为英国送去了5000升血浆。

1941年，该计划结束后，德鲁被任命主管美国的国家血库，负责为美国海军和陆军收集血液。然而，在事业达到巅峰的时候，为了向美国战争部门将黑人的血液与白人的血液分开的政策表示抗议，37岁的德鲁辞职了。

德鲁出生于1904年，是地毯铺设工理查德和教师诺拉的五个孩子中的长子。他最初展现出的才华在体育方面。1922年，德鲁获得了一项体育奖学金，进入了阿默斯特学院。他一直是一位顶尖的运动员，曾在足球和田径比赛中获得奖杯。由于种族问题，德鲁经常被忽视而无法担任

▲ 纽约布朗克斯区查尔斯·理查德·德鲁中学的一幅壁画,这所学校是以德鲁的名字命名的几所教育机构之一

队长。然而,他真正的热情在医学领域。

毕业后,德鲁通过教授科学和担任足球教练来为上医学院攒钱。1933年,他从魁北克的麦吉尔大学毕业,在有137名学生的混合种族班级中排第二名,获得了医学学位和外科硕士。在回国接受外科培训之前,德鲁曾在住院医师培训班学习休克和复苏相关知识。他在这方面表现出色,但由于种族障碍,他只能在华盛顿特区的弗里德曼医院担任助理外科医生。1938年,德鲁获得了洛克菲勒奖学金,该奖学金授予那些对环境、教育、卫生或其他重要领域有突出贡献的人。

1941年,德鲁成为霍华德大学外科系的负责人,并最终被任命为弗里德曼医院的首席外科医生。同年晚些时候,他成为美国外科委员会的首位非洲裔考官。1943年,德鲁因其血浆的收集和分发工作而获得了斯平加恩奖章。

查尔斯·德鲁一直以来都表示,他的主要使命是指导医学生和外科住院医生,并提高黑人医学教育的水平。接下来的几年里,他致力于反对医学协会排斥黑人医生的运动。德鲁于1946年当选为国际外科学院院士。

1948年,德鲁的外科学生班级以最高分通过了委员会的认证考试。他帮助了22名黑人外科医生通过考试,并经常资助他们参加会议,展示他们的研究成果。

德鲁年纪轻轻就取得了如此多的成就,尽管面临种族障碍,他仍然站在了20世纪美国医学界的最前沿。他为其他黑人医生铺平了道路,让他们也能取得同样的成就。

1950年4月1日,德鲁前往阿拉巴马州参加会议并发表演讲。德鲁负责驾驶汽车,车上还有其他三名医生。有人说,前一天深夜做完手术的德鲁疲惫不堪,以致睡着后发生了车祸。德鲁伤势严重,包括断腿、脑损伤、心脏衰竭,最终失血过多无法生还。其他三名医生幸存下来。他去世时只有45岁,留下了妻子米妮和他们的四个孩子。

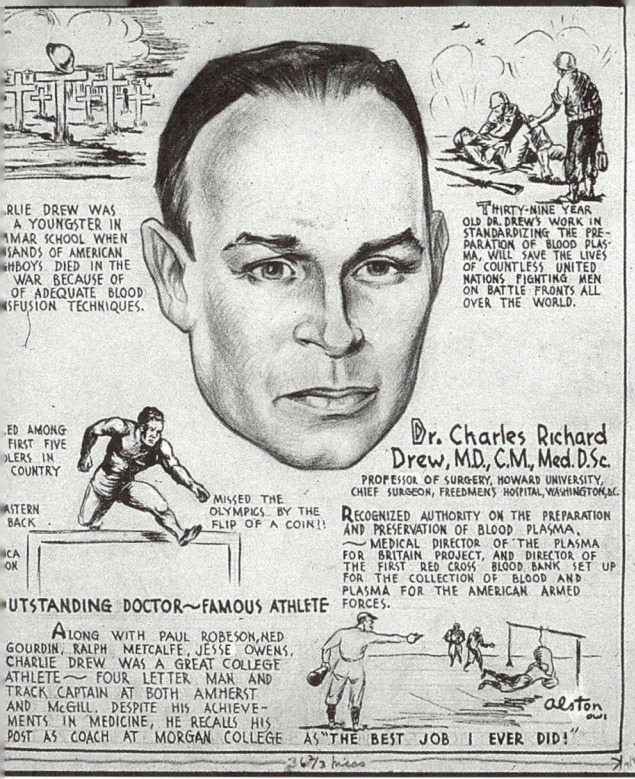

德鲁是否被拒绝输血？

当德鲁和他的同事约翰·福特（John Ford）被送往设施简陋的阿拉曼斯综合医院时，医生们开始了救治工作。德鲁的伤势非常严重，失血过多；无法挽救。据了解，德鲁得到了紧急医疗救治，而当时许多非洲裔美国人可能得不到这样的待遇。医学史学家表示，几乎立即就有传言流传开来，声称德鲁被拒绝输血。虽然这个故事后来被证明不实，但对许多非洲裔美国人来说，这听起来是有可能的。20世纪50年代，非洲裔美国人经常在医院被拒绝治疗。这往往是因为他们没有足够的专门为黑人病人留出的空余病床，有时是因为医院只对白人开放。事实上，德鲁的家人后来写信感谢试图挽救他的医生们。

▲ 1981年，查尔斯·德鲁的妻子米妮为纪念他的半身雕像揭幕

乔治·华盛顿·卡弗

卡弗是一位生态学家，他设想了非洲裔美国农民与他们赖以生存的土地之间的新关系

作者：阿里萨·卢姆巴

这位20世纪最杰出的非洲裔美国科学家和发明家出生在19世纪60年代的密苏里州的农场，他的主人是名叫摩西·卡弗（Moses Carver）的德国移民农场主。他在奴隶制度废除前不久出生，由卡弗一家和其他寄养家庭抚养，在多所学校和大学之间辗转，可以说是一个自力更生的人。尽管因为肤色而被大学拒之门外，但卡弗意志坚定，在自己的土地上自学了解周围的世界。1891年，他的植物绘画引起了人们的注意，因此他受到鼓励前往艾奥瓦州农业学院（现在的艾奥瓦州立大学）学习植物学。他成为该学院的第一位黑人学生，并最终成为该学院的第一位黑人教员。

1896年，布克·华盛顿邀请乔治·华盛顿·卡弗担任塔斯基吉学院的农业系主任，因为他能够在这个开创性的学院中发挥作用。他在那里教授了47年，并将农业系发展成为繁荣的研究中心。卡弗在一篇文章中写道，他乘火车从艾奥瓦州前往阿拉巴马州的塔斯基吉时震惊地发现自己离开了茂盛的玉米和小麦田，进入了一片看起来干旱开裂的棉花地，这片土地上有着骨瘦如柴的动物和憔悴的人们。这次旅行成为卡弗生态哲学的起点，他开始思考人与土地、农业和身体健康之间的联系，以及吃饱、营养丰富的身体和精神之间的关系。

后来，卡弗意识到美国南方的佃农制度和吉

尽管在他有生之年种族主义盛行,但黑人和白人都称赞卡弗的工作,《时代》杂志将他誉为"黑人莱昂纳多"

从卑微的开始到亨利·福特和大豆汽车

乔治·华盛顿·卡弗出生仅一周后,他和姐姐、母亲一起被绑架,要被卖到肯塔基州做奴隶。卡弗的家人四处寻找他们,但只成功将小乔治带回了农场,与哥哥詹姆斯团聚。不久之后,奴隶制被废除,两个男孩获得了自由。

废除奴隶制后,卡弗夫妇把乔治和詹姆斯当作自己的孩子一样抚养,并鼓励他们接受教育。11岁时,乔治离开农场去上学,遇到了他的第一对寄养父母,玛丽亚·沃特金斯(Mariah Watkins)和她的丈夫安德鲁,这对没有孩子的黑人夫妇提供给他一个房间,作为他帮助做家务的交换条件。在他们的照顾下,乔治开始学习植物、植物学和药用草药。

在这条卑微的道路上,没有人能预料到有一天他的兴趣会与亨利·福特(Henry Ford)这位汽车制造商的兴趣(土壤和燃料)产生交集,并且他们成了朋友。福特为塔斯基吉学院提供了乔治实验所需的资金,二人一起研究使用大豆、蒲公英和金丝草制造新型塑料和橡胶,他们的合作蓬勃发展。卡弗站在食物与资源关系的前沿,将早年受到的沃特金斯夫妇的影响视为指导力量。

▲ 1942年,乔治·华盛顿·卡弗(右)与亨利·福特在一起,这是卡弗去世的前一年,他正在福特实验室从事研究工作

姆·克劳法[1]也是导致人民和土地贫困的原因，而不仅仅是因为农耕技术不佳。由于当时的制度，大多数非洲裔美国人并没有完全拥有自己的土地，因此他们在家里随时可能被赶出门。实际上，这个制度与奴隶制度几乎没有什么不同。他们无法在经济和情感上充分投入和照料自己的土地。

为了改变这种状况，卡弗传授了自给自足的觅食和耕作方法。轮作是卡弗最有价值的想法，他建议种植者在淡季种植花生或红薯，以补充土地中的氮元素，并获得更多的收成。但这带来了一个意想不到的后果：花生大量过剩，却没有明显的用途，因为当时美国人的饮食中还没有普及这种坚果。

卡弗认识到用途多样的花生具备巨大潜力，以及相较于美国南方农民仅以肉、粗磨粉和糖蜜为主的饮食，花生具有更高的营养价值，并决心证明这一点。为此，他设立了一个工业研究实验室，探索花生的各种用途和应用，从染料和油墨到面粉等。每当卡弗有新发现，他都会在农业公报上发布消息，以传播这些信息。

卡弗声称自己并不渴望创造全新的产品，他只想将这些产品传递给那些最贫困的人，通过传播这些信息，帮助他们用有限的资源过上更好的生活。

随着时间的推移，卡弗的工作赢得了越来越多的声誉。他的声望达到巅峰是在1921年，当时卡弗在国会发表了支持对进口花生征收关税的讲话。作为第一位在国会作为专家证人出现的非洲裔美国人，起初听众们嘲笑他。然而，随着他描述了花生的各种用途，他的讲话时间一次又一次地延长。这次演讲在美国人心中牢固确立了卡弗作为"花生人"的形象。他甚至还前往印度与圣雄甘地讨论发展中国家的营养问题。

历史学家马克·赫西（Mark Hersey）认为，卡弗的主要成就在于他认识到，改变黑人与自然世界的关系可以挑战旨在压制他们的吉姆·克劳法。他们可以依靠土地而不是国家来满足自己的需求。人与土地之间可以建立一种新的关系，一种相互依存的关系。他是一位超前的环保主义者。

卡弗于1943年1月5日去世，安葬在塔斯基吉大学的布克·华盛顿旁边。人们十分敬重卡弗，富兰克林·D.罗斯福总统为他竖立了一座国家纪念碑，并称"科学界失去了一位最杰出的人物"。

乔治·华盛顿·卡弗也许没有完全实现他改变美国南方及其经济的梦想，但在改变生活、思维方式，以及对土地和相关教育的态度方面，他确实是一位先驱。

1　Jim Crow，1876年至1965年美国南部各州以及边境各州对有色人种（主要针对非洲裔美国人，但同时也包含其他族群）实行种族隔离制度的法律。

网飞(Netflix)剧集《白手起家：沃克夫人的致富传奇》(*Self Made*)于 2020 年上映，讲述了 C. J. 沃克的非凡人生

C. J. 沃克女士

在奥普拉之前,有一位 C. J. 沃克女士,她是美国白手起家的女商人和百万富翁

作者:巴希拉特·奥拉德莱勒、丹·皮尔

C. J. 沃克(C. J. Walker)女士出身自由,从贫困中崛起,创立了自己的商业帝国。对于19世纪来自美国南方腹地的黑人女性来说,这绝非易事。

她于1867年12月23日出生在路易斯安那州德尔塔市,原名萨拉·布里德洛夫(Sarah Breedlove)。她是家中第一个在1862年签署《解放奴隶宣言》后降生的孩子。她有一个姐姐和四个哥哥,他们都曾在路易斯安那州麦迪逊教区罗伯特·伯尼(Robert W Burney)的种植园中被奴役。1872年,她的母亲因疑似霍乱去世,不久后她的父亲再婚,但仅一年后他也离世了,使得年仅7岁的萨拉成为孤儿。

萨拉10岁时搬到密西西比州的维克斯堡,与姐姐路韦妮亚和姐夫住在一起。她开始做家庭用人。她所受的一点教育都是在当地教堂的主日学校扫盲课上获得的,这在当时美国南部贫穷的黑人儿童中很常见。她非常努力地工作,但经常遭受姐夫的虐待。

为了逃离恶劣的环境和压迫性的工作条件,萨拉在14岁时嫁给了摩西·麦克威廉姆斯(Moses McWilliams),四年后生下了女儿阿莱莉娅。两年后,摩西去世,萨拉决定搬到密苏里州的圣路易斯,那里有她的兄弟们开设的理发店。

萨拉是美国第一批白手起家的女百万富翁,

▲ "沃克夫人美容文化"品牌于2016年推出,注重使用天然成分

她通过为黑人女性开发化妆品和护发产品而发家致富。和当时许多黑人女性一样,她遭受头皮屑和其他头皮问题的困扰。其中一种疾病导致她大量脱发,于是她尝试了各种从商店购买的产品来改善这种状况,但却没有效果。于是她开始尝试不同的成分,制定自己的治疗方案。她很快被成功的护发企业家安妮·马龙(Annie Malone)聘请销售产品,1905年,她搬到了科罗拉多州的丹佛市,并继续开发自己的系列产品。

萨拉的丈夫查尔斯帮助她在非洲裔美国人社区推广她的产品,并说服她使用更具辨识度的名字——C.J.沃克女士。她创建了自己的头发护理流程,即后来的"沃克方法",其中包括她自己的发蜡配方、梳头方式和使用加热梳子。之后,她和查尔斯在南方旅行,推广她的产品并提供示范。1910年,沃克将业务转移到印第安纳波利斯后,生意越做越大,利润也开始飙升。

除了开设工厂生产她的产品,她还建立了美容学校和沙龙,培训黑人"美发师"和"沃克代理商"——在黑人社区推广符合她"洁净和可爱"理念的销售美容师。

▲ 艺术家法比安·"偶尔的超级巨星"·威廉姆斯(Fabian 'Occasional Superstar' Williams)在亚特兰大创作的C.J.沃克女士壁画

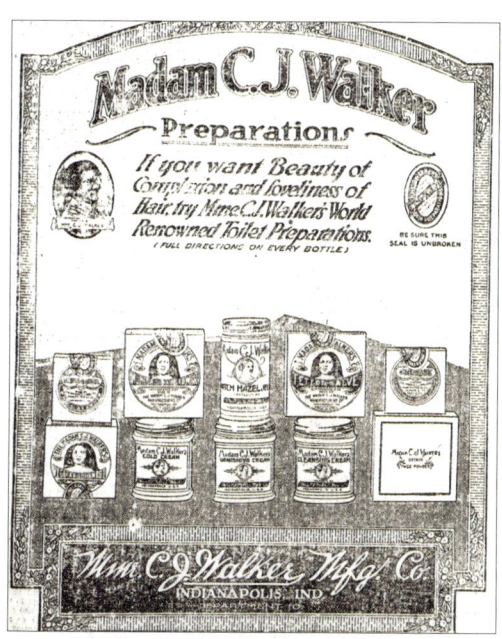

▲ 1920年纽约一则C.J.沃克女士产品的广告

一场激烈的竞争

在20世纪初的美容和护发行业，C.J.沃克女士并不是唯一一位成功的非洲裔美国女商人。事实上，她曾经的老板后来成为她最大的商业竞争对手。

1877年，比沃克晚十年出生的安妮·特恩波·马龙（Annie Turnbo Malone）在伊利诺伊州长大。她从小就对头发和头发护理非常着迷，经常花几个小时在妹妹身上练习美发。和沃克一样，她一开始也尝试用各种天然成分自制药方和配方。她挨家挨户推销自己的产品，并提供免费护理以吸引新顾客。

大约在20世纪初，C.J.沃克女士（当时的名字是萨拉·布里德洛夫）作为销售人员加入了马龙不断扩大的业务。然而，她很快就离开了公司，因为她与马龙发生了激烈的争吵，据说马龙指责沃克偷窃了她的配方。

沃克很快成立了自己的公司，但事实证明，竞争有利于业务发展，两位女性都成了非常成功的女商人和白手起家的百万富翁。

沃克的商业版图不断扩大，她开始注重社区和慈善事业。她向印第安纳波利斯黑人社区基督教青年会的建设基金捐款1000美元，帮助该地区复兴。她还以教育的形式回馈社会，向布克·华盛顿创办的黑人大学塔斯基吉学院提供奖学金，同时她创办的培训学校帮助黑人妇女掌握重要技能。

沃克还是热情的社会活动家。在第一次世界大战期间，她呼吁为美国黑人军官建立训练营，并于1917年加入了全美有色人种协进会的纽约分会，帮助组织了一次在城市中举行的和平游行，抗议针对非洲裔美国人的暴力行为。

沃克于1919年5月25日去世，但在她离世之前，她已经为一代又一代的黑人女性奠定了基础，她是来自美国南方的贫穷黑人女孩，证明了一切皆有可能。

▲ 和沃克一样，安妮·马龙也非常慷慨

刘易斯·拉蒂默

刘易斯·拉蒂默（Lewis Latimer）可能不像托马斯·爱迪生或尼古拉·特斯拉那样家喻户晓，但他的遗产同样重要

作者：瑞基·莱利

刘易斯·拉蒂默（Lewis Latimer）的故事与美国历史上许多其他历史人物不同。他于1848年9月4日出生在马萨诸塞州切尔西，在波士顿度过了他的大部分童年。这位未来的发明家和制图师的父母是被奴役的非洲裔美国人。他的父亲乔治·拉蒂默（George Latimer）和母亲丽贝卡在19世纪40年代逃离了弗吉尼亚州诺福克的一个种植园，挣脱了奴隶制度的束缚。他们勇敢地穿过梅森-狄克逊线来到马萨诸塞州，但乔治却被捕入狱。与此同时，他怀孕的妻子则由废奴主义者带到安全的地方。

即将成为爸爸的乔治为自由而战。作为逃脱的奴隶，他没有任何权利，所以需要付出巨大的努力来确保他的解放。废奴主义者弗雷德里克·道格拉斯（Frederick Douglass）和威廉·劳埃德·加里森（William Lloyd Garrison）在波士顿地区招募了一位当地的黑人牧师，为拉蒂默一家提供帮助。这支精英团队共同努力，赎回了乔治的自由，为他的家庭确保了充满希望的未来。

在拉蒂默的帮助下,亚历山大·格雷厄姆·贝尔(Alexander Graham Bell)于1876年申请了电话专利

▲ 19世纪80年代的爱迪生碳丝灯

更好的灯泡

起初,在黑暗中创造光明的前景是一件神奇而不可思议的事情。托马斯·爱迪生的工作是伟大的,但他发明的灯泡并不适合长期使用。而在这时,刘易斯·拉蒂默的贡献变得尤为重要。拉蒂默发现,灯泡之所以会迅速烧毁,是因为灯丝是用碳化竹丝制成的。一些记录显示,这种灯泡只能使用几天或最多一周。

拉蒂默设计了一种方法,可以制造出更耐用的灯丝。为了实现这一目标,他使用硬纸板制作碳丝,使其持久耐用。这一创新方法还使得灯泡更加经济实惠。然而,这一切始于爱迪生和他的对手海勒姆·马克西姆(Hiram Maxim)之间的竞争。拉蒂默曾为马克西姆工作,但最终加入了爱迪生的通用电气公司。1882年,他为有效制造碳丝的工艺申请了专利。借助这种新型灯泡的成功,拉蒂默扩大了电灯的普及范围,使爱迪生获得了巨大财富。更便宜的灯泡意味着可以在室内和街道上安装照明设施。

乔治的职业是理发师,同时他也是装饰工。通过这些繁重的工作,他设法让他的四个孩子上了一段时间的文法学校。他最小的儿子刘易斯学会了装饰的技巧,并开始为自己谋生。然而,在1857年的德雷德·斯科特案判决后不久,乔治突然消失了。德雷德·斯科特案裁定逃脱的奴隶即使逃到自由州,也没有获得自由的权利。

青少年时期,刘易斯在寻找人生目标时决定在南北战争期间加入联邦海军。当时他只有16岁,但为了赚钱并在父亲不在的情况下帮助家人,他谎报了自己的年龄。随着南北战争的伤亡人数开始攀升,对黑人士兵的需求变得迫切。他作为马萨诸塞志愿民兵的一员加入了联邦军,并最终晋升为中尉。

战争结束后,刘易斯光荣退役,回到家中没有任何事可做。他面临着人生的十字路口。由于前景渺茫,这位年轻人在克罗斯比和古尔德专利律师事务所找到了一份工作,开始了他的职业生涯,从事一般的办公室工作。在业余时间,他开始自学如何通过观察和模仿他人的作品来绘制机械图纸。起初，他每周只挣3美元，但在磨砺技艺之后，刘易斯渴望向公司证明自己已经准备好担任更重要的角色。公司同意给他一个机会。他们看到了他的绘图，并最终让他成为正式的绘图员。

这次晋升意味着他现在每周能挣到大约20美元，而这个新职位将成为他职业生涯的跳板。在那之后，他赢得了与亚历山大·格雷厄姆·贝尔合作的机会，参与了贝尔最新发明——电话的工作。作为一名战后自学成才的绘图员，刘易斯受雇于贝尔，为他的第一项电话专利申请绘制图纸，他的贡献被证明是至关重要的。

拥有绘制图纸的才能固然至关重要，但是刘易斯的效率也是他们合作的一个至关重要的方面，因为贝尔正与时间赛跑，争分夺秒地击败竞争对手，以便先一步提交专利申请。刘易斯能够为贝尔提供申请专利蓝图和专业知识，使后者能够在1876年2月14日比对手早几个小时提交了电话专利申请。

拥有绘制图纸的才能至关重要，但刘易斯的效率也是他们合作的一个重要方面。

社会和政治

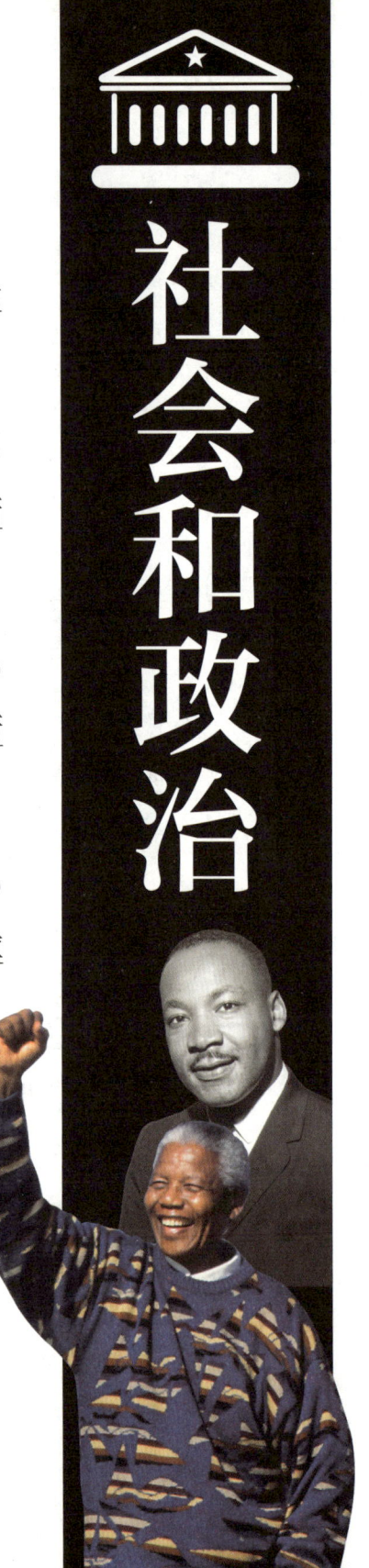

151 马丁·路德·金博士

158 弗雷德里克·道格拉斯

163 罗莎·帕克斯

168 纳尔逊·曼德拉

175 哈丽特·塔布曼

178 温妮·曼德拉

183 杜桑·卢维杜尔

189 帕特里斯·卢蒙巴

193 马库斯·加维和 W.E.B. 杜波依斯

200 索杰纳·特鲁思

马丁·路德·金博士受圣雄甘地启发,在黑人民权运动期间领导了非暴力抗议活动

马丁·路德·金博士

马丁·路德·金博士在20世纪50年代和60年代成为黑人民权运动最重要的领袖，积极倡导非暴力抗议

作者：迈克尔·哈斯丘

民权运动在20世纪50年代中期开始引起美国人的广泛关注，十年后更成为美国面临的最紧迫问题之一。南北战争已远去一个世纪，由于激进组织反对、社会漠不关心和人们各持己见，种族平等进展缓慢、举步维艰。

但毫无疑问，在1955年至1968年，最有影响力的领导人就是马丁·路德·金博士。他出生于佐治亚州亚特兰大，父亲是一位浸礼会牧师，母亲曾是一名教师。马丁·路德·金倡导非暴力抗议，并与已建立的政府机构合作，以实现变革抱负。他的观点独具特色，受到了圣雄甘地的启发，后者通过非暴力抗议成功迫使英国政府在20世纪40年代承认印度的独立。

马丁·路德·金是一位备受争议的人物，他的整个职业生涯都是在美国联邦调查局的密切监视下度过的。同时，马丁·路德·金本身也有不少缺点，尤其是喜欢搞婚外情。此外，他在波士顿大学的博士论文也曾被指控涉及部分剽窃。尽管如此，马丁·路德·金仍然是呼吁人们关注美国白人和黑人待遇差距的先锋。他动员了大批拥趸去争取民权，尽管历尽艰辛，但取得了有力的进展，而他最终也为这一事业献出了自己宝贵的生命，年仅39岁。

马丁·路德·金出生于1929年1月15日，他的父亲是埃比尼泽浸信会教堂的牧师老马丁·路德·金（Martin Luther King Sr），母亲则是一位浸信会牧师的女儿艾伯塔·威廉姆斯·金（Alberta Williams King）。老马丁·路德·金将自己的名字从迈克尔改为马丁，以纪念16世纪领导新教改革的德国神学家。他还将次子的名字从迈克尔改为马丁。小马丁有一个姐姐威利·克里斯蒂娜（Willie Christine）和一个弟弟阿尔弗

▲ 1963年,马丁·路德·金与副总统林登·约翰逊(Lyndon Johnson)和司法部长罗伯特·肯尼迪(Robert Kennedy)会晤

雷德·丹尼尔·威廉姆斯·金(Alfred Daniel Williams King)。

老马丁是个纪律严明的人,小马丁记得自己在15岁前没少挨父亲的鞭子。所幸他在斯威特-奥本社区[1]舒适的环境中长大,那里居住着全国最富裕的黑人家庭。马丁·路德·金就读于当地的学校,尽管有时对学业漠不关心,但他展现出了超凡的学习能力,足以让他在高中跳了两级。"二战"期间,莫尔豪斯学院因为许多学生都在服役,空出了许多教室,因此为另一些能通过入学考试的学生提供了入学机会。马丁15岁入学,1948年获得社会学学位,随后进入宾夕法尼亚州的克罗泽神学院,于1951年获得神学学位。在克罗泽神学院期间,他当选为主要由白人学生组成的学生会主席。四年后,他在波士顿大学获得系统神学博士学位。

12岁那年,马丁·路德·金被告知待在家里,却偷偷溜出去观看游行。就在他不在家的时候,他的祖母因心脏病发作而离世。马丁·路德·金认为是自己的错误行为导致了她的死亡,于是从二楼的窗户跳了下去,显然是为了自杀,但只受了轻伤。

在莫尔豪斯学院的日子里,马丁·路德·金在校长本杰明·E.梅斯(Benjamin E Mays)的指引下经历了精神上的觉醒,他向父亲坦言了自己的心路转变。马丁·路德·金一直具备社会意识,在遭受歧视的时代,他回忆起了父亲的非凡勇气,特别是当有人告诉父亲必须在后面等待服务时,父亲仰首阔步地走出了那家鞋店,还拒绝与一位警官交谈,因为那名警官用"小子"这一轻蔑的词称呼父亲。

大学期间,马丁·路德·金偏离了信仰,几

---

[1] 美国佐治亚州亚特兰大市一个历史悠久的社区,也被称为亚特兰大的黑人商业和文化中心。

乎无节制地酗酒、打台球。他还与一位在莫尔豪斯自助餐厅工作的德国妇女的女儿陷入爱河，但他渐渐确信不同种族间的婚姻只会带来悲伤，并且阻碍他在种族隔离的美国南方成为教堂牧师，因此他结束了这段关系。联系虽断，却留下了一生的伤痕。

在波士顿求学期间，马丁·路德·金遇见了科雷塔·斯科特（Coretta Scott），她是来自阿拉巴马州中部农村海伯格镇的一位天才歌手，正在新英格兰音乐学院学习。他们于1953年6月18日结为夫妻，育有四个孩子——约兰达、马丁·路德三世、德克斯特·斯科特（Dexter Scott）和伯尼斯。

马丁·路德·金年仅25岁时被召唤到阿拉巴马州首府蒙哥马利市的德克斯特大道浸信会教堂担任牧师。吉姆·克劳法的阴影时刻笼罩着蒙哥马利市、整个南方地区，甚至美国全境，这些法律旨在压制非洲裔美国人的权益，对种族关系造成了持续的压力。

对于马丁·路德·金来说，使命的号召发生在1955年，当时全美有色人种协进会地方办事处秘书罗莎·帕克斯（Rosa Parks）在蒙哥马利市的一辆公共汽车上因拒绝给白人乘客让座而被捕。针对这次逮捕，当地的有色人种协进会计划抵制公共交通。马丁·路德·金口才好又专业，顺理成章地成为这场运动的领袖。他站在媒体面前大胆地说："我们别无选择，只能抗议。这些年来我们忍常人所不能忍。有时候，我们让白人兄弟误以为我们喜欢被他们这样对待。今晚，我们来到这里，是为了从这种忍耐中解脱出来，

▲ 1964年，马丁·路德·金与他的妻子科雷塔·斯科特·金在奥斯陆。马丁·路德·金博士荣获诺贝尔和平奖

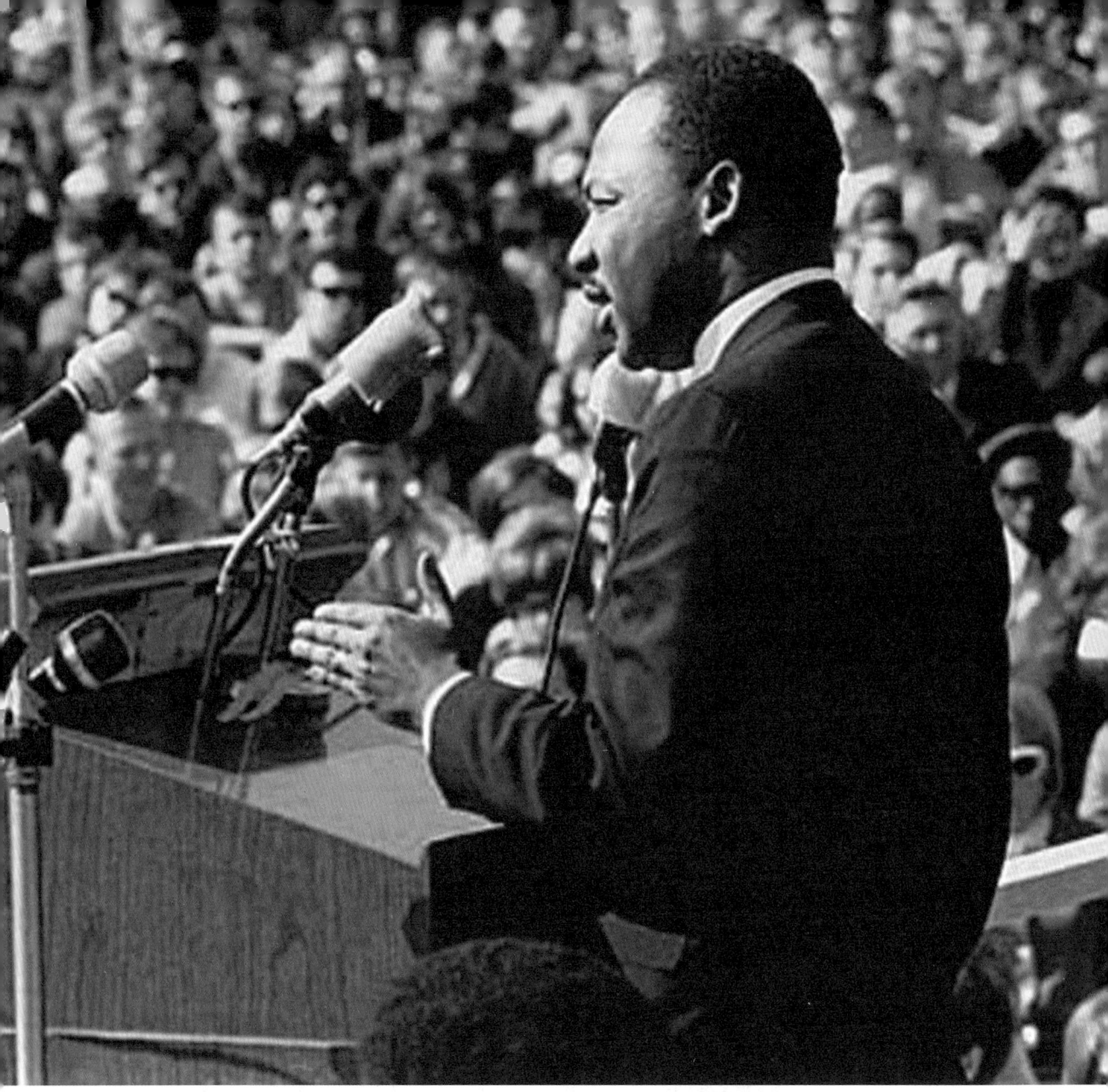

▲ 1967年，马丁·路德·金博士在明尼苏达大学校园内举行的反对越南战争的集会上发表讲话

这种忍耐使我们对任何不自由和不正义的事物都安之若素。"

蒙哥马利公交车抵制运动对城市资金和市中心商人的收入造成了负面影响。经过381天的抵制，美国最高法院裁定公共汽车上分座违宪，抵制运动随之结束。马丁·路德·金在为社会正义发声时找到了自己的声音，即使他的家遭到炸弹袭击，他也毅然拒绝保持沉默。

在公交车抵制运动之后，马丁·路德·金和其他60名民权活动家及牧师，包括他最亲密的朋友拉尔夫·大卫·阿伯纳西（Ralph David Abernathy）共同组建了南方基督教领袖会议（Southern Christian Leadership Conference，SCLC[1]），致力于通过非暴力抗议实现美国的种族平等。在接下来的11年里，马丁·路德·金行程超过900万公里，发表了

1　非洲裔美国人民权组织，总部位于美国佐治亚州亚特兰大。其第一任主席是马丁·路德·金，在非洲裔美国人民权运动中发挥了重要作用。

2500多次公开演讲。他被关押了29次。早期的改革努力包括为南方的美国黑人进行选民登记。1959年，马丁·路德·金访问印度，在甘地的出生地获得了灵感。

1963年春天，南方基督教领袖会议在阿拉巴马州伯明翰市发起了一场对压迫性法律的抵抗运动。非暴力抗议已经取得了一些显著的成功，包括在北卡罗来纳州的餐馆静坐抗议，促使南方27个城市的种族隔离座位制度终结。然而，在伯明翰，非暴力抗议遭遇了残暴的对待。警察局局长、绰号"公牛"的尤金·康纳（Eugene Connor）向示威者放出狗和高压消防水枪，这些令人愤慨的场景成了全国电视广播的素材。许多美国人感到震惊，并且开始支持民权运动。

在动荡中，马丁·路德·金被监禁，并因允许家人尤其是儿童参与抗议活动而受到观察家的批评，认为他置这些人的生命于危险中。他在狱中以一封名为《伯明翰监狱来函》的宣言回应了这些批评，以雄辩的方式为他采取的公民不服从方式进行了辩护。他写道："你可能会问'为什么要直接行动？为什么要静坐、游行等？难道谈判不是更好的选择吗？'你呼吁谈判是完全正确的。事实上，这正是直接行动的目的所在。非暴力的直接行动试图制造这样的危机，培养这样的紧张氛围，以迫使一直拒绝谈判的社区面对这个问题。"

之后，马丁·路德·金一家回到亚特兰大。在拉斯汀的建议下，马丁·路德·金和南方基督教领袖会议协助组织了1963年8月28日的华盛顿大游行。超过25万人参加了这次集会。人群从林肯纪念堂的台阶开始延伸，穿过倒影池，一直延伸到国家广场。

马丁·路德·金是一位天才演说家，所到之处无不吸引观众。他走上讲台，发表了历史上最

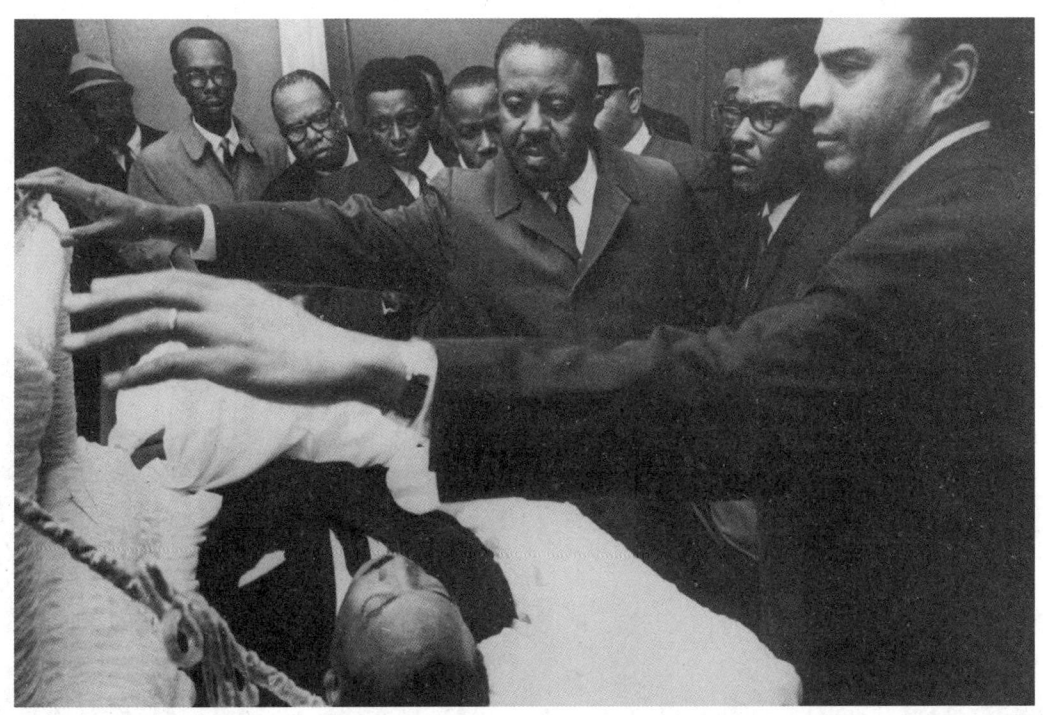

1963年,估计有25万人参加了华盛顿游行,马丁·路德·金在那里发表了名为《我有一个梦想》的演讲

> 马丁·路德·金在为社会正义发声时找到了自己的声音，即使他的家遭到炸弹袭击，他也毅然拒绝保持沉默。

为难忘的演讲之一。他的《我有一个梦想》演讲成为民权运动的一个分水岭。马丁·路德·金在17分钟的演讲中表达了他的愿景："我有一个梦想，希望有一天我的四个孩子能够生活在一个不以肤色而是以品格来评判人的国家。"一开始，他按照准备好的文本说话，但当他的朋友、福音歌手玛哈莉亚·杰克逊（Mahalia Jackson）大喊"告诉他们你的梦想！"时，他开始放弃原本的计划，即兴发言。

人们认为，这一时刻推动了美国具有里程碑意义的1964年《民权法案》和1965年《选举权法案》的通过。马丁·路德·金在1963年被《时代》杂志评为年度人物，并在35岁时成为1964年诺贝尔和平奖的获奖者。

无论何时呼吁采取非暴力行动，马丁·路德·金都会给予支持，并且经常亲自前往抗议现场。他在佛罗里达州的圣奥古斯丁市和阿拉巴马州的塞尔马市提供了帮助，并将他的信息传递到伊利诺伊州的芝加哥市，抗议黑人在购买住房或居住在特定社区时所遭受的虐待。

1965年3月7日，一场计划从塞尔马市到蒙哥马利市的游行引发了严重的暴力事件，游行者在埃德蒙·佩特斯桥遭遇了阻挡。执法人员发射催泪弹并挥舞棍棒，导致17名游行者住院治疗。马丁·路德·金并未亲自参加这场被称为"血腥星期天"的事件。第二次游行因法官发布了禁令而被取消。然后，3月9日，马丁·路德·金亲自领导的第三次游行开始了。尽管禁令仍然有效，但仍有2500人加入了他们。同月晚些时候，25000多名游行者在林登·约翰逊总统召集的美国陆军和阿拉巴马国民警卫队的保护下，完成了从塞尔马到蒙哥马利的艰苦跋涉。

20世纪60年代末，马丁·路德·金组织了"穷人运动"，旨在解决全美财富分配不公。

马丁·路德·金被召唤到孟菲斯，与那些环卫工人一起发声，其中大部分是黑人，他们忍受着长期低薪工作。1968年4月3日，他抵达孟菲斯，并入住位于仓库区的洛林汽车旅馆。次日晚上，当他站在旅馆阳台上时刺客的子弹将其击倒。经过紧急手术后，他在一个小时后去世。马丁·路德·金的遇刺引发了美国各地的抗议。

虽然马丁·路德·金的一生短暂，但他的遗产永存，美国离人人享有平等权利更近了一步。

▲ 马丁·路德·金博士和科雷塔·斯科特夫妇的石棺位于佐治亚州亚特兰大市的国家历史遗址

弗雷德里克·道格拉斯

作为一名逃亡奴隶,弗雷德里克·道格拉斯(Frederick Douglass)成为废奴主义最雄辩的捍卫者之一

作者:爱德华多·阿尔伯特

年轻的弗雷德里克·贝利(Frederick Bailey)被折磨到极限,受到鞭打、毒打和饥饿的折磨,他再也无法忍受了。年仅16岁的他六个月前被主人送到爱德华·科维(Edward Covey)那里,科维是一个贫穷的白人农民,以热衷于折磨奴隶而在当地闻名。他的目的是要摧毁弗雷德里克的精神和生命,而弗雷德里克正是靠这样的精神和活力自学读书,并且每周日定期教他的黑人奴隶同胞读书。那六个月的毒打如此残酷而又频繁,以至于弗雷德里克的背部几乎都被打烂了。这个年轻男孩的身体、心灵和精神都被摧毁了。1833年8月的一天,弗雷德里克疲惫不堪,终于倒下了。科维听说后走出房子,再次开始殴打弗雷德里克,给他造成了严重的头部伤势。

弗雷德里克逃跑了,或者说是跟跟跄跄地逃离了。趁着科维不备,弗雷德里克艰难地离开了

▲ 正是道格拉斯向林肯总统求情，使得美国黑人能够加入联邦军队，并为结束奴隶制而战

农场，设法躲到附近的树林中藏身。弗雷德里克步行了十多公里去找他住在马里兰州圣迈克尔市的法定主人托马斯·奥尔德（Thomas Auld），请求他将自己从爱德华·科维的控制下解救出来。尽管失血过多（"我想我看起来像是一个逃离野兽巢穴的人，勉强逃脱"），弗雷德里克还是成功到达了奥尔德的住所，恳求主人的怜悯。

结果没有得到一点儿怜悯。托马斯·奥尔德坚持要求弗雷德里克第二天回到爱德华·科维那里。所以第二天一大早，他踏上了回程，心知等待着他的将是一顿毒打。当弗雷德里克回去时，科维没有打他。这让男孩感到困惑。然而周一早上，一切都变得明朗起来，科维走进弗雷德里克工作的马厩，手里拿着一根长绳，他抓住男孩，将其摔倒在地。科维打算把弗雷德里克捆起来殴打他，但是，"就在这一刻——我不知道从哪里来的勇气——我决定反抗"。

这场战斗持续了大约两个小时，最后，科维流血不止，而年轻的弗雷德里克依然毫不屈服。在接下来的六个月里，科维再也没有伸手打他。弗雷德里克在法律上仍然是一个奴隶，但在他的内心深处，他是一个自由的人，他不会被科维所伤害或影响。

1838年9月3日，弗雷德里克在自由黑人安娜·默里的支持下，成功逃走了。他乘坐火车、渡船和汽船，携带着一名自由黑人海员的身份证

▲ 道格拉斯的故居位于华盛顿特区阿纳科斯蒂亚，已被列为国家历史遗迹

全民投票

　　道格拉斯作为奴隶的经历使他对伪装成家长作风的伪善有着敏锐的洞察力。他成为妇女选举权的早期支持者，也是第一个公开支持这一事业的黑人。实际上，道格拉斯是塞内卡瀑布大会上唯一的黑人参与者，该大会于1848年7月19日和20日在纽约州塞内卡瀑布的卫斯理教堂举行。许多与会者反对伊丽莎白·卡迪·斯坦顿（Elizabeth Cady Stanton）提出的动议，该动议建议大会致力于争取妇女选举权。然而，道格拉斯激情洋溢地支持这一动议，他说，作为一名黑人，如果占一半人口的女性被剥夺了选举权，他不能接受。道格拉斯的发言产生了巨大影响，该动议随后获得通过。然而，南北战争后，道格拉斯与妇女选举权运动的支持者就宪法第十五条修正案产生了分歧，该修正案中黑人男性获得了选举权。斯坦顿和其他女性希望将妇女选举权和黑人选举权联系起来，但道格拉斯知道，这样会严重减少黑人男性获得选举权的机会。对黑人来说选举权是"迫切的需要"，妇女选举权的实现要取决于黑人获得选举权的初步成功。

件，以便在奴隶制州穿行，最终到达纽约市废奴主义者戴维·拉格尔斯（David Ruggles）的安全屋。

之后，弗雷德里克派人去找默里，她随后也北上。两人于1838年9月18日结婚，后来采用了道格拉斯作为他们的婚姓（弗雷德里克不能继续使用"贝利"这个姓氏，因为南方奴隶主会雇用赏金猎人追捕、捉拿并将逃到北方的奴隶送回）。

弗雷德里克·道格拉斯迅速参与并成为废奴事业的热情倡导者。他作为奴隶的生活和所经历的残酷待遇赢得了许多人的支持。1845年，道格拉斯写下了自传《美国奴隶弗雷德里克·道格拉斯的生平叙事》，这本书成了畅销书，也推进了废奴事业。然而，道格拉斯的名声也让他的支持者感到不安：他可能仍会被绑架并重新成为奴隶。因此，道格拉斯的朋友和导师为他提供资助，让他前往爱尔兰和英国进行有关废奴的演讲，并保护他的安全。这两个国家都坚定地支持废奴主义，他们热烈欢迎道格拉斯的到来（他的演讲场场爆满），而道格拉斯则对这里没有任何肤色隔离的现象感到惊讶。

"我雇了一辆出租车，坐在白人旁边，到达酒店后，我走进了同一个门。我被引领进同一个客厅，与他们一起用餐，没有人感到不悦。"

1847年，道格拉斯回到美国，他的支持者筹集资金合法赎回了他的自由。他创办了第一份报纸《北辰报》，座右铭是"权利不分性别——真理不分肤色——上帝是我们所有人的父亲，我们都是兄弟"。直到1861年美国南北战争开始前，道格拉斯一直致力于废除奴隶制。在战争期间，他担任亚伯拉罕·林肯（Abraham Lincoln）的顾问。战争结束后，他继续为美国南方获得自由的奴隶争取完全的公民权利及其他权益，直到1895年2月20日去世。

▲ 道格拉斯的妻子安娜·默里（Anna Murray）

也许没有什么比道格拉斯在1877年与他的旧主人托马斯·奥尔德和解更能展现他的伟大。道格拉斯与奥尔德的女儿阿曼达相识，她在听了他的演讲后成为废奴主义者，并安排了他们的会面。那时的奥尔德已经奄奄一息。这两个人，一个是获得自由的奴隶，如今成了废奴主义的倡导者，一个是他的旧主人，他们和解了。近150年后的今天，这对我们来说依然是值得学习的一课。

帕克斯坐在公共汽车的前排为媒体拍摄摆好姿势,那个位置曾经只允许白人坐

罗莎·帕克斯

一位非洲裔美国妇女的小小反抗行为引发了全国范围的民权运动

作者：皮特·普赖斯

提到民权运动时，几乎没有人不会想起那位以一己之力揭开了全美运动序幕的妇女：罗莎·帕克斯。20世纪50年代的美国社会在许多方面都严格实行着种族隔离制度，虽然帕克斯并非第一个拒绝遵守法律的人，但她却点燃了全国范围民权运动的星星之火。

在帕克斯看来，那只是又一个稀松平常的日子，下班后乘坐蒙哥马利市的公共汽车回家。然而，她被要求给一个白人让座，她拒绝了，并因此被逮捕。她的诉讼案得到了全美有色人种协进会当地分会的支持，分会组织了一场为期381天的全市巴士抵制运动。这场非暴力抗议活动获得了全美范围的报道，成为民权运动在整个国家蔓延的催化剂，而领导这一运动的正是新任命的全美有色人种协进会领袖马丁·路德·金博士。将这一切归功于一个人似乎不公平，但帕克斯的反抗行为常被视为压垮骆驼的最后一根稻草。这是一次极其过分的不公正待遇，激发了美国大部分人民的奋起和争取平等的斗争。

　　罗莎·帕克斯出身贫寒，1913年2月4日出生在阿拉巴马州首府蒙哥马利附近的小镇塔斯基吉。她的父母利昂娜和詹姆斯·麦考利（Leona and James McCauley）是教师和木匠，重视教育并坚决主张种族平等。尽管他们拥有自由，立场坚定，但在美国南方腹地，年轻黑人家庭的生活极其艰辛。黑人社区几乎完全依赖白人群体提供工作，而这些工作往往琐碎而报酬微薄，福利待遇也寥寥无几。

　　罗莎在种族隔离的学校中长大，但在16岁时被迫从高中辍学，去照顾生病的祖母，后来又要照顾母亲。多年后，在丈夫的鼓励下，她重返校园，获得了高中文凭。尽管她人生的开始不尽如人意，但她在成长过程中对自我价值有了很强的认识。了解她的人解释称，她说话轻声细语，但身上有一种沉静的力量和决心，在遇到挑战时，她会奋力拼搏。

　　罗莎在蒙哥马利的一家纺织厂找到了一份裁

缝工作。1932年，19岁的她与雷蒙德·帕克斯结婚。雷蒙德虽然没有受过正规教育，但积极参与有色人种协进会的活动，而罗莎很快也加入了其中。她在1955年12月1日拒绝给白人让座的行为体现了她对改善黑人待遇的坚定。

对于许多人来说，12月的事件只是家常便饭。蒙哥马利的公交车按照肤色进行隔离，前排是为白人保留的，而后排则是黑人的座位。这意味着黑人需要在前排买票，然后下车走到后门找座位。公交车司机在车上拥有绝对的权威，他们可以在繁忙时期将隔离线后移，强迫黑人让座，如果不遵守就会被赶下车并报警。几年前，罗莎·帕克斯曾与司机詹姆斯·布莱克（James Blake）发生过争执，当时布莱克在她下车走向后门时开车离开。

帕克斯刚刚结束了漫长的轮班，坐在拥挤的公交车上，与其他三个黑人坐在同一排。布莱克注意到一个白人站着，于是命令帕克斯和其他黑人让座。尽管只需要一个座位，但根据法律规定，白人和黑人不能坐在同一排。起初，这四个人拒绝了，布莱克回答道："你们最好识相点，把座位让出来。"其他人都顺从了，但帕克斯却不肯动弹，她表示自己并不在白人区，所以不应该让座。帕克斯后来回忆起这一事件时说："当那个白人司机朝我们走过来，挥手命令我们起身离开座位时，我感到一种决心，就像在寒冷的冬

▲ 埃德加·尼克松是抵制公共汽车运动的中流砥柱，并将罗莎·帕克斯保释出狱

夜里用被子盖住自己一样。"帕克斯坚定地拒绝让步，迫使布莱克打电话给上级寻求建议。回答很简单："那好吧，吉姆，你就这么做吧，你必须行使你的权力把她赶下车，明白吗？"帕克

罗莎在种族隔离的学校中长大，但在16岁时被迫从高中辍学，去照顾生病的祖母，后来又要照顾母亲。

斯因为未按法律要求让座而被逮捕。在被逮捕时，她问警官一个问题："你们为什么把我们推来推去？"警官回答："我不知道，但法律就是法律。"帕克斯的行动和警官的问答被广泛认为是美国民权运动的催化剂之一。

帕克斯因违反蒙哥马利市法典第6章第11节，即有关种族隔离的条款，而被警察局扣留。当晚，全美有色人种协进会当地主席埃德加·尼克松（Edgar Nixon）出面保释了她。尼克松当晚立刻开始策划一场抵制该市公共汽车的行动。次日，前一天晚上制作的35000多份手册在黑人社区广泛散发。抵制运动呼吁所有黑人避免乘坐公共汽车，直到他们在车上能够得到与白人乘客同等的尊重，座位隔离取消，并雇用黑人司机。为推动这一倡议，蒙哥马利改进协会（MIA）成立，其领导人是近来刚来到蒙哥马利的马丁·路德·金博士，他看到了借用帕克斯的案件将斗争推向全国的机会。

抵制运动的第一天恰逢帕克斯的审判，她被罚款了14美元。在持续了381天的抵制行动中，许多黑人选择抛弃公交车，使用黑人出租车、拼车或者干脆步行上班。有些人每天甚至要步行32公里。很快，这一行动开始产生了预期的效果，公交车公司的利润暴跌，导致大部分车辆闲置了一年多。然而，这些成功也伴随着强烈的反击，黑人教堂被纵火，马丁·路德·金和尼克松的住所遭到袭击。当局还试图通过其他手段打破抵制，取消接送黑人上班的出租车公司的保险，并根据反抵制法律进行逮捕。

这些强硬的措施并没有动摇蒙哥马利改进协会的决心，他们采取了法律攻势。就在一年前，布朗诉教育委员会案[1]的最高法院裁决宣布，种族隔离的学校是违宪的。借此，蒙哥马利改进协会的法律团队试图挑战公共交通领域的种族隔离法律。1956年6月，这些法律被裁定违宪，尽管遭到抵抗，但最高法院在1956年11月维持了这一决定。凭借法律的支持，加上公交车公司和城市企业遭受了经济损失，蒙哥马利市别无选择，只能结束公共交通上的种族隔离。抵制活动于1956年12月20日正式结束。

罗莎·帕克斯的抵抗行动激起了美国南方反对种族隔离最大、最成功的抗议运动。这一非暴力手段使得该运动获得了全美关注，并将民权斗争推向全美范围。

---

1 种族隔离的法律因为剥夺了黑人学童的入学权利而违反了美国宪法第十四条修正案中所保障的同等保护权——学童不得基于种族因素被拒绝入学。而本判决终止了美国社会中存在已久的白人和黑人必须分别就读不同公立学校的种族隔离现象。从本判决后，隔离但平等的法律原则被推翻，任何法律上的种族隔离随后都可能因违反宪法所保障的同等保护权而被判决违宪；同时本案也开启了接下来数年中美国开始废止所有有关种族隔离的措施；美国的民权运动也因为本案迈进一大步。

罗莎·帕克斯因未给白人乘客让座而被捕,此事引发了联合抵制蒙哥马利巴士运动

纳尔逊·曼德拉

曼德拉被许多人视为南非之父，他的领导才能和奉献精神不仅激励了一个国家，也激励了全世界数百万人

作者：约瑟芬·霍尔

1990年2月11日,纳尔逊·曼德拉(Nelson Mandela)结束了27年的铁窗生涯,重获自由

1918年7月18日，罗利拉拉·曼德拉（Rolihlahla Mandela）出生在库努附近的姆韦佐村，村子位于今南非东开普省蜿蜒的姆巴舍河畔。在科萨语中，"Rolihlahla"直译为"拉树枝"，有时也被解释为"麻烦制造者"。

曼德拉的父亲是泰姆布人领袖琼金塔巴·达林迪耶博（Jongintaba Dalindyebo）的首席顾问。小曼德拉将大自然当作游乐场，喜欢练习农村的棍术。上学的第一天，老师告诉9岁的曼德拉需要取一个"基督教"名字。从那时起，他就改叫纳尔逊。

1930年父亲去世后，曼德拉搬到了姆克赫兹韦尼，在酋长琼金塔巴的监护下生活，并与酋长的儿子贾斯蒂斯共住一室。放学后，如果没去跑步或拳击，他就会拜访长者，聆听他们关于抵抗运动的故事。

1939年，曼德拉开始在海尔堡大学攻读文学学士。在这里，他遇到了奥利弗·坦博（Oliver Tambo），一个聪明的辩手和有志成为律师的人。曼德拉不负其"麻烦制造者"的名号，因参加学生对食品质量的抗议活动而被停学。

琼金塔巴为曼德拉和贾斯蒂斯各自安排了婚姻，于是这两位年轻人于1941年逃到约翰内斯堡。当时，这座城市挤满了成千上万找工作的人。他们在一个矿区找到了住处，和亚历山德拉镇的一户家庭住在一起。

曼德拉通过介绍结识了沃尔特·西苏鲁（Walter Sisulu），一个房地产经纪人和非洲人国民大会（ANC）的活动家。

曼德拉在一家律师事务所担任文员期间参加了南非共产党的集会，他对不同种族和民族似乎能够平等相处的场景印象深刻。他开始在金山大学学习法律，作为唯一的黑人学生，他直接面对着种族主义的歧视。

1944年，曼德拉加入了非洲人国民大会，并协助组建了青年联盟（ANCYL），再次联系上了奥利弗·坦博。同年，他与西苏鲁的表妹伊芙琳·马斯（Evelyn Mase）结婚，后来他们育有四个孩子。

1948年的南非大选只允许白人投票。此时，南非少数白人已经控制了90%以上的土地。

曼德拉是非洲人国民大会的一员，他们主张采取更直接的行动，如抵制和罢工。由于曼德拉将大量时间投入政治事务中，他在金山大学的最后一年多次挂科，并于1949年被取消了学位。

1952年，曼德拉协助领导了"反抗运动"，这是一个以六项法律为重点的非暴力反抗计划。这是南非历史上规模最大的非暴力抵抗运动，也是非洲人国民大会和南非印度人大会（SAIC）首次联合领导的运动。全国各地的人们公然抗拒不公正的法律。六个月后，包括曼德拉在内的8000多人被捕。判决中还包括禁止他在六个月内参加会议或在团体中发言。

在那一年，曼德拉完成了法律专业的学业，和老朋友奥利弗·坦博共同创办了南非第一家黑人律师事务所——曼德拉和坦博律师事务所。

1956年12月，曼德拉是全南非范围突击搜查中被逮捕的156人之一，被控叛国罪。审判历时四年多，其间曼德拉离婚，并与一位名叫诺姆扎莫·温妮弗蕾德（温妮）·马迪基泽拉【Nomzamo Winifred (Winnie) Madikizela】的社会工作者结婚，育有两个女儿。直到1961年3月，他才成为最后八个被宣判无罪的人之一。

与此同时，抵抗仍在继续。1960年3月，

27 年牢狱之灾

曼德拉在罗本岛度过了他刑期的前 18 年,这是位于开普敦沿海的一座戒备森严的监狱。里沃尼亚审判的囚犯被单独囚禁于狭小潮湿的牢房中,与其他囚犯隔绝开来,时常受到不公待遇的折磨。他们长时间在石灰采石场工作。曼德拉曾多次被单独监禁。

曼德拉与外界的联系非常有限,每六个月只有一次探访和一封(经过严格审查的)信件。曼德拉的母亲和儿子分别于 1968 年和 1969 年去世,但他未能出席他们的葬礼。1980 年,"释放曼德拉!"成为一场国际运动,增加了世界范围内结束种族隔离的压力。

1982 年,曼德拉被转移到开普敦的波尔斯莫尔监狱。全国的暴力事件不断升级,经济陷入困境,而世界范围内的抵制活动得到了越来越多的支持。曼德拉拒绝了多次有条件释放的提议,因为非洲人国民大会仍然要被取缔。

1990 年 2 月 11 日星期日,禁令解除九天后,71 岁的曼德拉终于获释,这一历史性时刻在全球进行了现场直播。

▲ 这张照片是在 2003 年 11 月的新闻发布会上拍摄的,展示了纳尔逊·曼德拉在罗本岛的监狱牢房

▲ 曼德拉能够给人带来快乐，受人尊敬，这有助于他在 1994 年竞选南非总统时取得成功

警方对泛非主义者大会（PAC）在黑人城镇沙佩维尔组织的和平抗议活动开火。69 人惨遭杀害，180 多人受伤，其中大多数是被背后射击所伤。这场惨剧引发了国际社会的谴责，甚至联合国都发出了谴责声音。随后的 4 月，非洲人国民大会和泛非主义者大会在南非被取缔，成为其中任何一个组织的成员都是非法的。许多组织者转入地下活动。

直到那个时候，非洲人国民大会一直坚持非暴力抗议。然而，在 1961 年的一次采访中，曼德拉庄严地表示："对于一个只会对手无寸铁、无助的人民进行野蛮攻击的政府，我们继续谈论和平与非暴力是毫无意义和徒劳的。"泛非主义者大会和非洲人国民大会开始准备与政府进行武装斗争。

1962 年，曼德拉秘密离开了南非。在返回南非后不久，他被捕并判处五年监禁。不到一年后，他的几位同事被发现携带弹药和文件，这些文件牵连了曼德拉。他们都被控犯有叛国罪。

1963 年 10 月，曼德拉出庭参加了里沃尼亚审判。曼德拉没有作证，而是用一场长达三个多小时的演讲震撼了法庭，最后他以这样的话作结："我一直珍视着民主自由的社会理想，在这个社会里，所有人可以和谐共处，享有平等的机会。这是我希望为之而活、为之而奋斗的理想。但是，如果必要的话，这也是我愿意为之献出生命的理想。"

这次审判得到了国际社会的关注，联合国和世界和平理事会都呼吁释放他。但1964年6月11日，曼德拉和其他七人被判有罪，并被判处终身监禁。曼德拉仍要在狱中待27年。

1990年终于获释后，曼德拉全身心地投入到结束白人少数统治的努力中，并在1991年当选为非洲人国民大会主席。此时，南非国民党由弗雷德里克·威廉·德克勒克总统领导，1993年曼德拉和德克勒克共同获得了诺贝尔和平奖。由于政治事务占据了曼德拉大部分时间，他的婚姻关系变得越来越紧张。而当温妮涉嫌参与绑架案件被监禁后，情况进一步恶化。1992年4月，曼德拉公开宣布分居。

1994年5月9日，曼德拉成为南非第一位民选总统。包括多位世界领导人在内的4000名嘉宾出席了他的就职典礼。12月，他出版了在狱中开始写作的自传《漫漫自由路》。

曼德拉一生以态度温和和重视和解而闻名。在担任总统期间，他亲自与种族隔离时期的前高级官员会面。曼德拉还热情鼓励南非国家橄榄球队——跳羚队，球队在主场赢得1995年世界杯橄榄球赛时，他亲自向白人队长弗朗索瓦·皮纳尔（Francois Pienaar）颁发了奖杯。他的努力赢得了数百万白人橄榄球迷的心，并帮助减轻了一些南非白人的恐惧。

1997年，曼德拉退任非洲人国民大会主席，而在1998年，他80岁生日的那天，他与第三任妻子格拉萨·马谢尔（Graça Machel）结婚。他向议会发表了告别演说并于1999年3月在完成一届总统任期后退休。

曼德拉一直积极参与公共活动，并与成立于1999年的纳尔逊·曼德拉基金会合作，专注于发展、教育和抗击艾滋病。他的慈善行动包括成立曼德拉·罗兹基金会和开展"46664运动"。2005年，为了反对将谈论艾滋病视作耻辱，曼德拉公开宣布他的儿子马克加托正是死于艾滋病。

2004年6月，曼德拉已近86岁，健康状况不佳，他宣布"从退休中退休"，进一步退出公众视线。即便如此，2008年曼德拉的90岁生日还是在全球范围内得到了热烈庆祝。他最后一次公开露面是在2010年南非世界杯期间，获得了观众们热烈的掌声。

2013年12月5日，曼德拉在霍顿的家中与家人团聚时去世，享年95岁。接下来的十天，南非全国进入哀悼状态，直到12月15日举行国葬前，曼德拉的遗体都安放在首都比勒陀利亚。近100名外国代表前往南非参加悼念活动，全球媒体对曼德拉的悼念铺天盖地。

曼德拉被广泛视为南非的"国父"，同时也是全球社会正义与平等的象征。2009年，联合国大会宣布将曼德拉的生日7月18日定为"曼德拉日"。这一天呼吁世界各地的人们用67分钟的时间从事志愿活动，以纪念曼德拉为反对压迫而奋斗的67年岁月。

在这张1885年的照片中,英勇的哈丽特·塔布曼(Harriet Tubman)带领许多逃亡的奴隶沿着"地下铁路"走向自由之路

哈丽特·塔布曼

逃离奴隶身份的哈丽特·塔布曼勇敢地引导他人沿着"地下铁路"踏上自由之路,并毕生为她的同胞奋斗

作者:迈克尔·哈斯克

鲜有人敢于逃离奴役,更不用说多次返回奴隶地区,冒着生命危险帮助他人逃脱。然而,哈丽特·塔布曼做到了。她于1822年诞生于马里兰州东海岸的多切斯特县,出生在奴隶本·罗斯(Ben Ross)和哈丽特·"里特"·格林(Harriet 'Rit' Green)的家庭中。她曾在田间劳作,深知奴役的艰辛。她的本名是阿明塔·哈丽特·罗斯(Arminta Harriet Ross),人们称她为"敏蒂",但为了向母亲致敬,她选择了简单的名字——哈丽特。

1849年,哈丽特的主人去世,当时哈丽特正在从病中康复。她的内心燃起了火花,决定不再做奴隶。她鼓起勇气逃了出来,并依靠信仰维持生命。她后来说:"我一直告诉上帝,'我会坚定地依靠你,你一定要保佑我渡过难关'。"

1849年9月17日,哈丽特踏上了前往费城的征程,穿越了宾夕法尼亚州的梅森-狄克逊线。两个兄弟哈里和本陪伴着她。然而,当《剑桥民主党人报》(*Cambridge Democrat*)刊登了一则通告,悬赏100美元寻回每个逃亡奴隶时,他们开始感到担忧。她的兄弟们选择返回种植园,而哈丽特则坚定地独自继续前行。费城

与约翰·布朗会面

废奴起义者约翰·布朗（John Brown）领导了对哈珀斯渡口的袭击，并为此付出了生命的代价。哈丽特·塔布曼赞扬了他的牺牲。

约翰·布朗以他于1859年10月16日对哈珀斯费里联邦军火库的袭击而闻名于世。然而，这次袭击并未取得成功，许多参与者不幸丧生或被捕。布朗被俘，在查尔斯镇受审，并于12月2日被处以绞刑。

在这次著名的突袭之前，布朗会见了他仰慕已久的哈丽特·塔布曼。这次会面是在加拿大进行的，塔布曼充分意识到可能会发生暴力冲突，向布朗提供了美国东部"地下铁路"网络的信息。布朗邀请塔布曼和废奴主义者弗雷德里克·道格拉斯参加突袭行动。道格拉斯拒绝了，可能是因为他预计这次意在煽动整个美国南方的奴隶普遍起义的突袭会以失败告终。

塔布曼本打算参加这次突袭，但由于疾病或路途遥远，她无法与布朗及其追随者会面。当时，她正忙于引导逃离卡罗来纳州、马里兰州，甚至加拿大安大略省的奴隶。尽管如此，人们普遍认为塔布曼并不主张对压迫性的白人权力结构采取暴力行动，尽管她为布朗招募了志愿者，布朗称她为"塔布曼将军"。在突袭失败且布朗被处决后，塔布曼评论道："他的死所带来的影响比100个人活着的影响还要大。"

距离多切斯特县有145公里。她利用"地下铁路"，通过与其中的人取得联系，完成了这段艰辛的旅程。"地下铁路"是一个秘密网络，提供安全屋帮助奴隶逃脱。

最终踏上自由的土地时，哈丽特思考着未来的道路。她回忆道："当我发现自己已经越过那条线时，我看着双手，想确认自己是否还是同一个人。一切都被荣耀所笼罩；太阳的金色光芒穿过树木，洒在田野上，我感觉自己仿佛置身于天堂之中。"尽管她尝到了自由的滋味，但仍有许多人被束缚在奴役之中。哈丽特决心帮助他们。她记得其中一个兄弟被卖给佐治亚州的商人时，自己的家庭不得不痛苦地分离。她还回忆起自己有天早晨被残酷的监工抽了五鞭。她经常受到头部重击的影响，余生都因头痛和癫痫而虚弱不堪。

哈丽特至少19次返回南方，帮助家人、朋友和陌生人争取自由。作为"地下铁路"的引路人，据说她曾造访过著名废奴主义者弗雷德里克·道格拉斯的家。关于她丈夫约翰·塔布曼（John Tubman），我们知之甚少。她于1844年与他结婚，但显然他决定留在马里兰，并与另一个女人结婚。1869年，在美国南北战争结束后，她与纳尔逊·戴维斯结婚，并收养了女儿格蒂。

哈丽特通过自己的努力，不论是在朋友还是敌人中都名声大噪，她的人头悬赏竟高达4万美元。哈丽特坚持不懈，据说在她的照管下从未失去过一个奴隶。在南北战争期间，她曾担任护士、侦察员和联邦党间谍。

▲ 这张 1887 年的照片描绘了哈丽特（左一）和她的女儿格蒂（站在她左边），以及她的丈夫纳尔逊·戴维斯（拄着拐杖坐着），与一些前奴隶们在一起的情景

1859 年，参议员威廉·苏厄德（William Seward）向哈丽特·塔布曼出售了纽约奥本的一块土地。她在那里定居下来，靠卖馅饼和根汁汽水为生，并通过萨拉·布拉德福德（Sarah Bradford）撰写的传记《哈丽特·塔布曼的生活场景》（*Scenes in the Life of Harriet Tubman*）赚取了一些钱。然而，她仍然艰难地维持生计，同时尽力发表演讲，并支持有文化、自给自足的黑人工人阶级崛起。她是 1896 年在华盛顿特区举行的全美有色人种妇女协会会议的重要人物。哈丽特·塔布曼老人之家于 1908 年开业，五年后，老人因肺炎去世。哈丽特·塔布曼为自由而献身的精神受到了人们的赞扬，她至今仍是美国历史上最受敬仰的人物之一。

温妮·曼德拉

温妮·曼德拉既备受赞誉，又备受争议，在南非，她仍然是一个引起分歧的人物

作者：凯瑟琳·寇松

温妮·马迪基泽拉·曼德拉可能因与纳尔逊·曼德拉长达近四十年的婚姻而广为人知，然而她的影响远不止于此。这对夫妇于1958年结婚，五年后，纳尔逊·曼德拉开始了长达27年的监禁生活。然而，温妮·马迪基泽拉·曼德拉并没有坐在家中哀痛丈夫的离去。相反，她全身心地投入到反对种族隔离的运动中，致力于争取丈夫的自由。

马迪基泽拉·曼德拉成为一股令人敬畏的运动力量，因此招致了南非政府的迫害。她被拘留、折磨并被单独关押，但从监狱中走出来的马迪基泽拉·曼德拉比以往更加坚强，并重新开始了她的工作。即使被流放到与世隔绝的布兰德福特镇，马迪基泽拉·曼德拉也拒绝沉默。相反，她致力于在该地区建立临床和儿童保育设施，这些努力赢得了国际媒体的关注。马迪基泽拉·曼

▲ 正如她为纳尔逊·曼德拉而战一样,当马迪基泽拉·曼德拉接受审判时,她的丈夫也支持她

德拉十分精明,深谙公关的力量,利用这些宣传活动提高了人们对非洲人国民大会及其反对种族隔离斗争的认识。

然而,马迪基泽拉·曼德拉并非没有争议。当她从布兰德福特回到索韦托时,她身边有一支被称为曼德拉联合足球俱乐部的保护部队。该团队与她同住,并很快卷入了该地区的暴力袭击事件,包括一起谋杀案,牺牲者是一名14岁的男孩斯托皮·塞佩(Stompie Seipei)。尽管她被监禁的丈夫敦促她谴责该俱乐部,当地人也对她支持他们的行为表示抗议,但马迪基泽拉·曼德拉拒绝这样做。因此,真相与和解委员会对她进行了调查,认定她犯有绑架塞佩的罪行,这些调查引发了人们对她参与其他许多谋杀和失踪事件的关注。

尽管存在这些争议,马迪基泽拉·曼德拉还是担任了二十多年的国会议员,并因其代表非洲人国民大会所做的工作及为丈夫争取自由所做的

自由之战

1964年,当她的丈夫被判终身监禁时,温妮·马迪基泽拉·曼德拉决心继续为他们所坚守的事业而战。她经历了监禁、折磨和与家人分离的痛苦,但她从未忘记自己的目标,努力争取结束种族隔离。

尽管面临自身的危险,马迪基泽拉·曼德拉在丈夫被关押在罗本岛期间始终坚持探望他。即使是死亡威胁和多次监禁也无法让她保持沉默,她终生都在为南非和全世界的平等奋斗,在漫长而动荡的几十年里与种族隔离作斗争。

▲ 马迪基泽拉·曼德拉成为反对种族隔离运动的代言人

努力而备受赞誉。然而,在纳尔逊·曼德拉于1990年获释后,这段婚姻并没有维持多久,仅仅两年后,这对夫妇就离婚了。

温妮·马迪基泽拉·曼德拉在种族隔离结束后的政府中继续扮演重要角色,但她的政治生涯仍然饱受争议。由于腐败问题,她被解除了非洲人国民大会福利发展部负责人的职务,随后的任命也遭到了抗议。1998年,真相与和解委员会认定她对侵犯人权的行为负有责任,她曾经辉煌的职业生涯似乎就此结束。

马迪基泽拉·曼德拉于2009年重新从退休中回归,再次担任国会议员。

2018年4月,温妮·马迪基泽拉·曼德拉逝世,她的声誉和遗产一如既往地受到热议,历史将如何评价温妮·马迪基泽拉·曼德拉,我们拭目以待。

被称为"黑色拿破仑"的弗朗索瓦·多米尼克·杜桑(François Dominique Toussaint)

杜桑·卢维杜尔

作为海地革命的总指挥和策划者，杜桑·卢维杜尔领导了史上最成功的奴隶起义之一

作者：丹尼尔·阿德迪兰

弗朗索瓦·多米尼克·杜桑出生在一个受过教育的奴隶家庭。他身材矮小，骨瘦如柴，相貌平凡，但他拥有那个时代最敏锐的军事头脑，以此弥补了自身的身体劣势。他解放了奴隶，并在伊斯帕尼奥拉岛的圣多明各一端建立了法国保护国[1]，完全由以前被奴役的非洲后裔管理。

杜桑于1743年左右出生在圣多明各的布雷达种植园。作为一名奴隶，他无法通过传统途径接受教育，但他从在岛上生活和工作的传教士那里学到了基本的法语等技能。他的学习能力非常强，主人将他从劳动繁重且恐怖的蔗糖种植园中单独挑选出来，让他从事畜牧业等工作。他从畜牧员到马车夫，最后成为主人的管家，在种植园里一直扮演着重要角色，直到革命爆发。

杜桑在33岁时获得了自由，随后自己经营了一个咖啡种植园，利润颇丰。记录显示，革命爆发前，他已经结婚并积累了一笔可观的财富。正是在这一时期，他成为素食主义者，并且从不炫耀自己的衣着或挥霍无度。

---
1 français protectorat，指的是法国于帝国或共和国时期，于法兰西殖民地所成立的保护国。受法国政府保护的保护国在内政上有自主权，但国防与外交仍由法国政府管理。与海外领土不同的地方在于，海外领土多由法兰西政府直接管辖，如马丁尼克、留尼旺等。

▲ 杜桑·卢维杜尔的半身像

　　1791年夏末，殖民地发生了大规模的奴隶起义，从北部省份开始迅速蔓延到圣多明各的成千上万奴隶，他们占了人口的大多数。杜桑没有立即加入起义，而是把他的家人以及他的前主人和监工送往了西班牙殖民地圣多明各。直到起义爆发数周后，他才加入了起义的领导人之一乔治·比亚苏（Georges Biassou）的部队。他在很短的时间内开始指挥自己的一支分遣队。

　　1792年和1793年，杜桑成为一名举足轻重的军事指挥官，并最终作为领导起义的三

名黑人将军之一引起了法国人的注意。他对部下进行游击战和常规战术的训练，据说他管理的营地纪律严明。正是在此期间，他采用了"L'Ouverture"（卢维杜尔）这个姓氏，这个姓氏源自法语中的"开口"，指向他的军事才能和在敌人阵线上找到突破口的能力。

1793年6月，在承诺为殖民地上与法国人作战的黑人士兵及其家人提供财产、头衔、金钱和自由后，卢维杜尔的军队与西班牙帝国正式结盟。卢维杜尔再次展现了杰出的军事才能；他为西班牙在殖民地北部的战役立下了汗马功劳，大部分战果都要归功于他。然而，西班牙当局与卢维杜尔之间的关系也很紧张，主要是因为这位将军不服从命令，拒绝将被奴役的妇女和儿童集中起来卖给西班牙人。

1794年5月，卢维杜尔出人意料地改变了

·185·

杜桑的背叛和早逝

在其辉煌的职业生涯中，杜桑从改革家成长为革命家，他的指导原则是解放圣多明各岛上所有被奴役的非洲人，同时宽宏大量地对待前殖民主子。然而，1802年法国入侵圣多明各岛后，杜桑模棱两可的态度导致他与黑白混血儿、欧洲人，甚至他最亲密的将领决裂。拿破仑的妹夫勒克莱尔是入侵部队的将军，他向杜桑承诺不会恢复奴隶制，以换取杜桑的投降。于是，杜桑退隐到一座种植园。最初，拿破仑亲自下令，要求一位杜桑信任的将领德萨林逮捕他，但德萨林拒绝了。于是，拿破仑转而命令他自己的将军让·巴普蒂斯特·布鲁内（Jean Baptiste Brunet）来完成这个任务。布鲁内以友谊的名义欺骗杜桑登上一艘前往法国的护卫舰。到达法国后，杜桑被捕，一年后，即1803年4月7日，他死于黄热病，当时仍被关押在茹城堡。

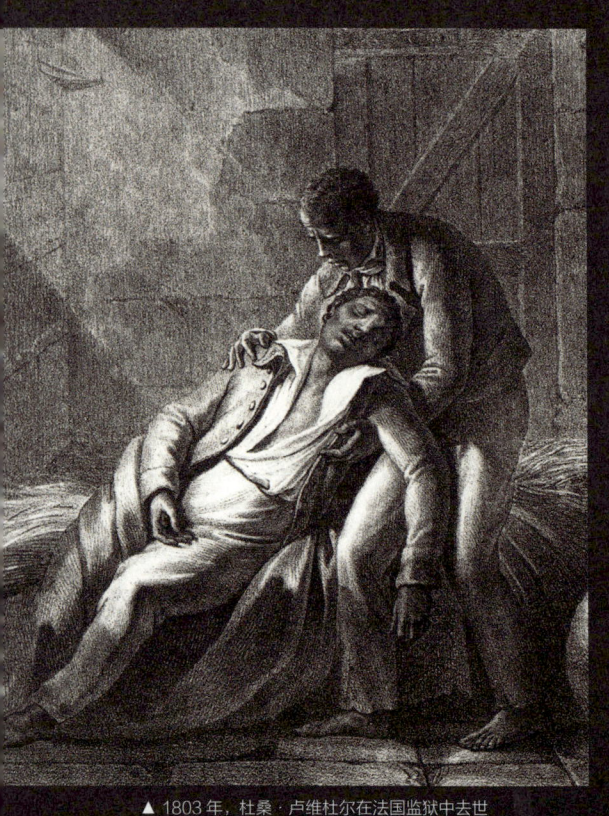
▲ 1803年，杜桑·卢维杜尔在法国监狱中去世

效忠对象，选择为法国人而战。他听说法国决定解放所有奴隶，于是成为共和主义者。他发现自己受到了来自四面八方的攻击，包括昔日的战友比亚苏将军、让·弗朗索瓦（Jean-François）将军、驻扎在圣多明各的西班牙军队，以及急于利用这个世界上最大的蔗糖殖民地的混乱局面而从中获利的英国人。尽管如此，凭借他的军官们

▲ 杜桑和获得解放的非洲人在圣多明各与法国人作战

的帮助，卢维杜尔还是击败或遏制了所有对手。

到1795年，卢维杜尔已成为岛上最受尊敬的人，但仍需与殖民地上的竞争对手争夺权力。他恢复了种植园经济，但这次雇用的工人是自由的，并且有薪水。1796年至1799年，卢维杜尔逐步赶走了历任总督，击败了"黑白混血"安德烈·里戈（André Rigaud）将军，并与不堪重负的英国人签订了有利条约，从而巩固了自己的权力。到1800年，卢维杜尔成为圣多明各岛无可争议的统治者，1801年，在解放奴隶并给予圣多明各岛上的黑白混血儿和欧洲人优惠条件之后，他统治了整个伊斯帕尼奥拉岛。

帕特里斯·卢蒙巴

具有远见卓识的刚果独立领袖帕特里斯·卢蒙巴（Patrice Lumumba）代表了后殖民时代非洲的希望，却因阻碍西方利益而遭到暗杀

作者：亚当·夸希

1960年，帕特里斯·卢蒙巴成为刚果独立后第一位民选总理，并在此过程中成为20世纪最重要的非洲领导人之一。卢蒙巴是刚果第一位明确提出摆脱欧洲统治的政治家，他的思想在整个非洲大陆引起了反响。卢蒙巴是一位出色的公众演说家，同时也是泛非主义的倡导者，泛非主义强调非洲团结、摆脱殖民主义、为了非洲人民的利益掌控非洲资源。

然而，他的领导承诺很快就破灭了：1961年1月17日，年仅35岁的他被处决。他的故事与整个刚果的命运紧密相连，这个国家自19世纪以来一直遭受欧洲列强的无情掠夺，尤其是在刚果自由邦时期（1884—1908年）。在那段血腥的历史时期，比利时国王利奥波德二世从橡胶和象牙贸易中获得了巨额利润，同时实施了包括杀害数百万刚果人在内的暴行。

▲ 1960 年，帕特里斯·卢蒙巴在联合国安理会发表演讲

卢蒙巴在 20 世纪 50 年代作为独立的象征出现，对西方国家，尤其是比利时和美国的利益构成了直接威胁。这些国家决心继续控制刚果民主共和国的矿产财富，其中包括钴、钶钽铁矿石、铀、金、铜和钻石。正是出于这个原因，卢蒙巴最终加入了非洲革命者的行列。

1925 年 7 月，卢蒙巴出生在当时的比属刚果开赛省奥纳卢阿村。他家是巴特特拉族的农民。来自刚果一个较小族群的出身塑造了他的政治意识，他以倡导所有刚果人而不仅仅是与他自己同等出身的刚果人团结而著称。

卢蒙巴曾在传教士学校接受教育，短暂担任过啤酒推销员，后来成为殖民地邮政局的一名职员，这一职位他一干就是十多年。卢蒙巴来自当时被比利时人称为"受教育阶级"（接受过西方教育的非洲人）的家庭，从小就对政治产生了浓厚的兴趣。他为期刊撰写文章，并于 1955 年加入比利时自由党，但在 20 世纪 50 年代末发生的一系列事件推动下，他朝着更激进的方向发展。

1956 年，卢蒙巴从比利时考察归来，却因挪用邮局资金的莫须有罪名被捕，后被判处一年监禁，这加深了他对殖民政权不公正的失望情绪。卢蒙巴已经是一位娴熟的演说家和充满激情的政治思想家，1958 年 10 月，他成立了刚果民族运动党，开始倡导独立。他很快在泛非洲独立领导人中找到了志同道合的伙伴。1958 年 12 月，他应加纳首任总理、当时非洲大陆最著名的泛非思想家克瓦米·恩克鲁玛（Kwame

▲ 1960 年 12 月，帕特里斯·卢蒙巴在莱奥波尔德维尔（现金沙萨）被捕后，在刚果军队的看守下，露出一脸蔑视的表情

Nkrumah）的邀请，参加了在阿克拉举行的非洲人国民大会。

经过多年的民众骚乱，刚果于 1960 年 7 月 11 日宣布独立，卢蒙巴担任政府首脑。然而，庆祝这一时刻的欢腾并不长久。内部紧张局势加上地缘政治压力从一开始就对他不利。

在独立后不久，矿产资源丰富的南部加丹加地区试图脱离刚果，得到了比利时的支持。随着国家迅速分崩离析，卢蒙巴呼吁时任联合国秘书长达格·哈马舍尔德（Dag Hammarskjöld）派遣维和部队。然而，他的请求被置之不理。

1960 年 9 月，退伍军人蒙博托·塞塞·塞科（Mobutu Sese Seko）发动了政变。不久，卢蒙巴被加丹加当局逮捕。在狱中遭到毒打后，他被空运到卢本巴希（当时称为伊丽莎白维尔），在那里，他和其他独立领导人莫里斯·姆波洛（Maurice Mpolo）和约瑟夫·奥基托（Joseph Okito）被行刑队枪决。

尽管刚果独立后的历史既破碎又残酷，但卢蒙巴的远见卓识仍激励着世界各地的活动家，他们希望非洲能够团结、进步并具有前瞻性。

W.E.B. 杜波依斯，50岁，1918年

马库斯·加维和W.E.B.杜波依斯

尽管他们的观点经常发生冲突,但杜波依斯和加维为美国现代民权运动奠定了基础

作者:多米尼克·格林

从1954年开始的美国民权运动到20世纪60年代的立法胜利,产生了两种领导形象。马丁·路德·金主张美国黑人在法律、选举和教育方面享有平等权利。马尔科姆·X将争取美国黑人权利的斗争视为一场全球性的斗争,主张分离主义,建立独立的黑人经济和主权。这两种策略都源于19世纪和20世纪初的历史,源于W.E.B.杜波依斯(William Edward Burghardt du Bois)和马库斯·加维(Marcus Garvey)之间的竞争。

1922年,马库斯·加维戴着他标志性的三角帽

美国北方州赢得了南北战争，但奴隶制的废除并没有终结种族歧视。在南方州，吉姆·克劳法将黑人与白人隔离开来。在北方各州，包括南方黑人为寻找工作和平等而迁徙到的城市，种族歧视通过非正式的种族主义继续存在。

W.E.B.杜波依斯于1868年出生在一个曾在奴隶制时期被称为"自由黑人"的家庭。他在马萨诸塞州的农业小镇大巴灵顿长大，就读于一所种族多元的学校。离校时，他被授予代表整个年级发表告别演讲的荣誉。杜波依斯随后南下前往田纳西州的全黑人学校菲斯克大学就读。在那里，他开始意识到吉姆·克劳法的严重性，以及与之伴随的公开种族主义和暴力。这段经历令他深感震惊，于是他返回马萨诸塞州，全心投入争取平等权利的斗争。

1895年，杜波依斯成为第一位获得哈佛大学博士学位的非洲裔美国人。他的论文《1638—1870年美国对非洲奴隶贸易的镇压》是这一主题的首批著作之一。到了世纪之交，杜波依斯回到南方，在佐治亚州亚特兰大大学担任教授。他把自己定位为一名冉冉升起的黑人知识分子，这使他与当时另一位杰出的美国黑人思想家布克·华盛顿发生了冲突。

华盛顿在19世纪50年代中期出生，是一名奴隶，曾在盐矿和作为家庭仆人工作，后来在汉普顿学院接受教育。作为阿拉巴马州塔斯基吉学院的领导者，华盛顿实践了他的信念，即南方黑人和南方白人一样，如果想在工业经济中生存下去，就需要接受农业和技术培训。华盛顿相信，如果南方黑人能够实现经济独立，并向南方白人邻居展示他们的实际价值，那么南方白人就会给予他们公民平等。

杜波依斯主张培养一批黑人精英，他们能

▲ 尼亚加拉运动代表，1905年。中排的杜波依斯头戴白色帽子

够追求"最崇高的理想"并努力追求"文化和品格"。华盛顿的战略后来被称为"亚特兰大妥协"，他在1895年在佐治亚州首府亚特兰大市宣布了这一战略。华盛顿的许多白人支持者，包括许多南方政治家和西奥多·罗斯福总统，称赞这一战略克制、爱国。然而，包括杜波依斯在内的批评者认为，这一政策是永久性的妥协，是在迁就不可接受的制度。他们指出，争取民权的艰难而必要的政治运动在华盛顿的推迟下前途渺茫。

1899年，佐治亚州发生了对山姆·霍斯

(Sam Hose)的私刑,由多达2000名白人暴徒参与,这再次坚定了杜波依斯的信念,即需要紧急行动,而不是感情用事。霍斯遭受酷刑,被绞死后被焚烧。杜波依斯在去见一位有同情心的报纸编辑的路上,看到了亚特兰大一家商店橱窗里展示的霍斯被烧焦的手指关节。1903年,杜波依斯出版了《黑人的灵魂》(The Souls of Black Folk),这是非洲裔美国文学的分水岭,也是对华盛顿迁就主义战略的公开否定。

"20世纪的问题是肤色界线,"杜波依斯写道,"即亚洲、非洲、美洲和海岛上深色人种与浅色人种之间的关系。"所有黑人,尤其是美国南方黑人,都需要法律上的平等以及教育所带来的社会平等;华盛顿的"亚特兰大妥协"是一种"和解"战略,将延续"调整和屈服的旧态度",无论是否能说服南方白人给予法律上的平等,这一战略都将导致新的屈从,这次纯粹是经济上的屈从。

杜波依斯借鉴他在哈佛和亚特兰大的经验,主张培养黑人精英,即"才华横溢的十分之一",他们可以追求"最崇高的理想",努力追求"文化和品格",而不仅仅是经济上的温饱。他指出,在南方各州,黑人和白人是分离的,警察和司法系统被用作"重新奴役黑人的手段"。如果黑人想在法律和机会上获得平等,必须培养自己的教育、政治和精神资源。1905年,杜波依斯和其他几位年轻的非洲裔美国运动者发起了尼亚加拉运动[1],该运动的原则明确反对"亚特兰大妥协"。

▲ 雅茅斯号,黑星航运公司(Black Star Line)短命船队的第一艘船

事件证明了杜波依斯对华盛顿方法的批评是正确的。1906年,罗斯福总统不光彩地解雇了167名黑人士兵,以回应布朗斯维尔事件,在这场事件中,得克萨斯州布朗斯维尔的白人居民暴动,反对黑人士兵的存在。不久之后,亚特兰大市的白人暴民杀害了200多名黑人。杜波依斯在《亚特兰大的祷文》中写道,妥协已经结束。

现在,黑人活动家们的共识转向争取平等权利、自由选举和教育机会的运动。1910年,杜波依斯搬到纽约,开始担任全美有色人种协进会的宣传和研究主任,该组织将领导下一阶段的运动。在这个职位上,他领导了反对私刑、美国军队种族隔离以及D.W.格里菲思于1915年拍摄的电影《一个国家的诞生》(The Birth of a Nation)的运动,这部电影将三K党描绘成捍卫美国价值观的爱国主义者。

杜波依斯一直将"肤色界线"视为全球性的问题。在《黑人的灵魂》一书中,他分析了美国黑人的"双重意识",将其视为黑人身份和美国人身份之间有害的心理分裂。要治愈这种分裂,不仅需要在美国的法律和社会中实现平等,还需要加强与其他非白人群体的联系。在杜波依斯看

---

1 非洲裔美国人著名领袖的组织。这些人于1905年夏天在尼亚加拉瀑布首次聚会,目的是要走一条与布克·华盛顿的迁就政策相对立的强硬路线。但由于等不到资金,因此无法配备长期的专职人员,无法设立总部。

被遗忘的早期民权英雄

爱德华·布莱登

爱德华·布莱登（Edward Blyden）出生于丹麦西印度群岛（现美属维尔京群岛），是一位教师、政治家，也被誉为"泛非主义之父"。1850年，由于美国的大学拒绝了他作为牧师的学习申请，他搬到了利比里亚，并在那里担任国务秘书的职务。

普林斯·霍尔

普林斯·霍尔（Prince Hall）据说于18世纪30年代中期在英国出生，父母是非洲人。他可能是作为仆人或奴隶被带到波士顿，后来受过制革训练，并最终获得了自由。1773年，他是一支自由黑人团体的成员，他们向马萨诸塞州参议院请愿，要求返回非洲。然而，不久之后，他又号召黑人支持美国革命。

马丁·德拉尼

马丁·德拉尼（Martin Delany）的父亲是奴隶，母亲是自由人，他在母亲的自由身份下长大。在匹兹堡，他成为废奴运动的倡导者，也是黑人民族主义的创始理论家。他被哈佛医学院录取，但因白人学生的抗议而被开除，后来成为联邦军队中唯一的黑人少校。

布克·华盛顿

布克·华盛顿是出生在奴隶制下的最后一代黑人领袖。19世纪90年代，他成为美国黑人社区的主导者。虽然他的"亚特兰大妥协"被杜波依斯诋毁，但布克·华盛顿仍鼓舞着杜波依斯和马库斯·加维。

弗雷德里克·麦吉

弗雷德里克·麦吉（Fredrick McGhee）出生于密西西比州的一个奴隶家庭，后来成为美国最早的黑人律师之一，并奠定了美国现代民权运动的基石。1905年，他与W·E·B·杜波依斯一起创立了尼亚加拉运动，该组织的民权运动又促成了1909年全美有色人种协进会的成立。

▲ 1907年尼亚加拉运动代表在马萨诸塞州波士顿的会议大合影

来，还需要拥护反帝国主义和社会主义。早在1900年，他就参加了由海地和特立尼达的倡导者在伦敦组织的第一次泛非会议。1919年，杜波依斯在巴黎收集美国军队中歧视情况的信息时，参加了一系列泛非会议中的第一次会议。

20世纪初，杜波依斯通过主张立即实现法律平等，而不是主张经济融合和适应现有秩序，成功地超越了年长的布克·华盛顿。然而，现在杜波依斯发现自己被指责为迁就主义者。他的新对手，也是年轻的对手——马库斯·加维，这位出生于牙买加的黑人分离主义者主张"回到非洲"。

具有讽刺意味的是，华盛顿对黑人经济独立的愿景成为加维于1914年创立世界黑人进步协会（UNIA）的灵感之一。两年后，加维来到美国，为一所像布克·华盛顿的塔斯基吉大学一样的牙买加科技大学筹集资金。不过，加维并不持有华盛顿的妥协政治立场。尽管他和杜波依斯一样坚信美国黑人的问题是全球性的，但他并不像杜波依斯那样认为法律和社会主义的平等能够改变白人的种族主义态度。

到1920年，世界黑人进步协会声称拥有四百万成员。加维成功躲过了一次暗杀，他发起了一项计划，旨在将利比里亚的基础设施现代化。利比里亚是由前美国奴隶建立的西非国家，而加维希望将其打造成模范的黑人国家。他还创

全美有色人种协进会杂志《危机》称加维是"美国乃至全世界黑人种族最危险的敌人"。联邦调查局对此表示同意。

建了黑星航运公司,这是一家旨在帮助非洲与世界其他地区建立经济联系的航运公司,并将技术娴熟、忠诚听命的美国黑人带到利比里亚。

杜波依斯的《危机》(The Crisis)杂志是美国最大的黑人出版物,他赞扬了黑星航运公司的精神,但称加维是"美国和世界黑人种族最危险的敌人"。联邦调查局对此表示同意,并起诉加维在为黑星航运公司募集资金的宣传册上使用了一艘不属于这一公司的船只的图像。1922年,加维被判入狱五年,黑星航运公司倒闭。1927年,第30任美国总统柯立芝下令将他驱逐回牙买加。最终,他于1940年在伦敦去世。

与此同时,杜波依斯的声望也越来越高。他热情洋溢地讲述了纽约市日益增长的黑人人口中艺术的繁荣,也就是所谓的"哈莱姆文艺复兴",并在大学和左翼政治之间来回活动。虽然他的美国民权战略成为20世纪60年代运动的主流思想,但他的国际视野和政治观点仍然备受争议。他于1963年在加纳去世,享年95岁。

▲ 1917年,杜波依斯组织了在纽约举行的静默游行(The Silent Parade),以抗议圣路易斯市的种族骚乱

索杰纳·特鲁思

当男性对她进行虐待和骚扰时,索杰纳·特鲁思(Sojourner Truth)坚守立场,继续为妇女权利而奋斗

作者:瑞基·莱利

乍一看,美国的妇女选举权运动似乎是由哈里特·比彻·斯托(Harriet Beecher Stowe)和伊丽莎白·卡迪·斯坦顿等白人妇女领导的,她们决意获得选举权。然而,这种对历史笼统而不完整的了解遗漏了活动家索杰纳·特鲁思的努力和勇气。

这位活动家出生时得名伊莎贝拉·鲍姆弗里(Isabella Baumfree),后来改名为索杰纳·特鲁思。据信她于1797年出生在纽约州的赫利镇,9岁时被卖给了约翰和莎莉·杜蒙特夫妇(John and Sally Dumont),并被迫在他们的农场里生活。像许多被奴役的美国黑人一样,她在精神上和身体上都受到束缚、殴打和虐待。1915年,她与一个名叫托马斯的奴隶结合,并在接下来的几年里生育了五个孩子。

1826年,特鲁思带着年幼的女儿索菲亚逃跑,并被废奴主义者艾萨克和玛丽亚·范·瓦格纳(Isaac and Maria Van Wagener)收留。

索杰纳·特鲁思生为奴隶,在1826年获得自由之前曾在虐待中长大

难道我不是一位女子？

1851年，在俄亥俄州阿克伦市举行的妇女权利大会上，特鲁思发表了题为"难道我不是一位女子"的演讲，这是她最著名的演讲，也是她最不朽的时刻。特鲁思宣称："如果上帝创造的第一位女性足够强大，能够独自把世界颠倒过来，那么这些女性加在一起就应该能够把世界颠倒过来，让它重新恢复正常。"这篇演讲之所以重要，是因为它简洁明了。在特鲁思之前，没有人认为被奴役的黑人女性是女性，考虑到白人女性的特征，黑人女性被认为不是真正的女人。黑人女性没有受到保护。她们常常遭受残暴对待，被迫从事艰苦的劳动。"我有和任何男人一样多的肌肉，能做和任何男人一样多的工作，"她说，"我曾经犁地、收割、剥谷、劈柴、割草，有哪个男人能做得比我更多呢？我听过很多关于男女平等的说法。我能像任何男人一样扛重物，也能吃得和他们一样多。如果我能得到这么多食物，我也能和现在的男人一样强壮。"对于特鲁思来说，性别不是障碍。

▲ 一枚19世纪30年代的硬币，上面印有"难道我不是一个女人，不是你们的姐妹吗？"

她所经历的孤独和分离使她更加接近精神世界，这对她坚定不移地致力于正义事业起到重要作用。在范瓦格纳夫妇的帮助下，特鲁思获得了自由，并在阿拉巴马州起诉一名奴隶主，以重新获得她5岁儿子彼得的监护权。这一里程碑式的胜利使她成为美国历史上第一位成功赢得诉讼的黑人女性。

旅行使她接触到斯托和斯坦顿。然而，她最宝贵的伙伴是废奴主义者威廉·劳埃德·加里森（William Lloyd Garrison）和弗雷德里克·道格拉斯。加里森鼓励她在废奴运动中发声，表达她的辛酸与坚决。尽管她没有学习阅读或写作，但她的自传《索杰纳·特鲁思自述》（The Narrative of Sojourner Truth）中记录了自己坚韧不拔的故事，她经常遭到恶言相向和敌意，但并没有被吓倒。

1844年，一群男子闯入了特鲁思在马萨诸塞州北安普敦市的一个大会营地，她正在那里布道。这些男子像动物一样发出嘶嘶声，并且打算伤害在场的女性。作为唯一在场的黑人，特鲁思一开始躲在帐篷里的一个箱子后面，但她的信仰促使她采取行动。是的，她做到了。特鲁思开始唱歌和布道，以安抚愤怒的白人暴徒。经过大约一个小时布道和歌唱，暴徒们变得安静下来，最终离开了，没有伤害任何人。这并不是特鲁思最后一次受到考验。在1853年9月的大会期间，更多的男性骚扰她和其他呼吁妇女权利的女性演讲者。这一次，她没有躲起来。相反，她用宗教经文作为武器来使他们感到羞愧。"你可以随心所欲地发出嘘声，但不管怎样，女性都会得到她们的权利，"她当时说，"你也阻止不了我们。"

不过，骚扰的方式多种多样。男人们经常声称特鲁思不是女人，因为她有着魅力十足的演讲

▲ 2020年，特鲁思与同为女权活动家的苏珊·安东尼（Susan B Anthony）和伊丽莎白·卡迪·斯坦顿的雕像在纽约中央公园揭幕

风格、高达1.8米的身材。在1858年的一次活动中，她受到人群中一个起哄者的骚扰，质疑她的女性身份。她打开上衣，展示了她的乳房，尽管此举会招致批评。

美国南北战争期间，特鲁思积极招募黑人男性为联邦军队而战。她帮助新获得自由的前奴隶找工作、住所，并从联邦政府获得安全的土地。

战争结束后，当黑人男性获得选举权时，她继续为黑人女性的权利而奋斗。"男人太自私了，他有妇女的权利，也有他自己的权利，但他不会给妇女权利。"她在1867年5月的美国平等权利协会上说，"他把这些都留给了自己。"

特鲁思于1883年11月26日在密歇根州巴特尔克里克市的家中去世，享年86岁。特鲁思非凡的一生无疑证明了她是一位英勇女性，她不需要他人的认可来确认自己的身份。

图片所属

4、5页	© Getty
8、11、12页	© Getty
29页	©K & K Ulf Kruger OHG; David Redfern; Photoshot; Getty
34、36、37页	© Getty
39、40、41页	© Getty
42、44—47页	© Getty
52、54、55页	© Getty
56、58、59页	© Getty
61—64页	© Getty
66、68、69、71页	© Getty
88、90、91、92、94、95页	© Getty
97—99页	© Bettmann / Getty
112、115页	© Alamy, Getty
118、120、121页	© Getty
122、124、125页	© Getty
126页	© Getty
132、134、135页	© Getty
137、138页	© Alamy, Getty
140、142、143页	© Getty
145—147页	© Getty
150、152页	©Consolidated News Pictures / Getty
159—161页	© Getty
164、165页	© National Archives and Records Administration Records of the U.S. Information Agency Record Group 306
168、171、172页	© Getty
180、181页	© Getty
1182、184—187页	© Getty
188—191页	© Getty
202、203页	© Getty